JN235262

社会起業家に
なりたいと思ったら
読む本

～未来に何ができるのか、
いまなぜ必要なのか～

デービッド・ボーンステイン —『世界を変える人たち』
スーザン・デイヴィス —グラミン銀行創設メンバー

—

有賀裕子 訳
井上英之 監修

ダイヤモンド社

SOCIAL ENTREPRENEURSHIP
by David Bornstein and Susan Davis

Copyright © 2010 by David Bornstein and Susan Davis
All rights reserved.

Japanese translation rights arranged with Mildred Marmur Associates Ltd.
through Owls Agency Inc.

序文： 世界を変える方法がわかってきた ―― 井上英之

●「何で、これやりたかったんだっけ？」

彼女は出会ってしまっていた。

フィリピンの貧困エリアで生まれた子どもたちの存在に。自由で元気な笑顔とは裏腹に、そこで生まれたというだけで、彼らが将来の可能性を初めから決めてしまっていること。夢を見ようとも、していないことに。

山田貴子。当時は二五歳、慶應大学メディア・政策研究科在籍中の大学院生だった。彼女は、フィリピンのストリートチルドレンの現実を目の当たりにし、スポーツで国際交流することで、彼らに何かできるんじゃないか。そう信じていた。もう一度、フィリピンの貧困エリアに足を踏み入れると、待っていたのは、「スポーツなんてしていたら、稼げないし、食べていけないよ」という現実だった。

「私に何ができるんだろう？」山田は自問自答する。

思い浮かぶ、若者たちの顔、顔。「援助する・される」という関係ではなく、ビジネスとして対等に、彼らの自立という芽をつくっていきたい。その想いをカタチにしたのが、二〇〇九年に立ち上げた「ワクワーク・イングリッシュ」(WAKU-WORK ENGLISH)だった。気持ちも優しく、英語の上手なフィリピンの若者たちが講師となり、スカイプを使ってマンツーマンで、日本の顧客に英会話レッスンを提供するビジネスである。

彼女は、起業前も起業後も、壁にぶつかるたびに自分に何度も問い直した。

「うちは、英会話スクールなんだっけ？」

「他の英会話スクールと、何が違うんだっけ？」

他のオンラインの英会話スクールが増えるたび、お客や周囲の人たちにも聞かれる問いだった。

そんな時、山田は同じ質問を自分にぶつける。

「何で、これをやりたかったんだっけ？」

彼女は、言葉にしていく。

「もともとは、多くの人に英会話スキルを提供したかったわけじゃない。貧困の連鎖を断ち切りたかったんだ。もちろん、質のよい授業を提供したいけど、大切なのは、あの若者たちがわくわく働くこと。それをきっかけに、自分には価値があるって知って、自分の手で未来を切り開けるんだと確信する。自分で考え、工夫して、稼ぐ力を持ち、自分の人生をつくって欲しかったんだ！」

「ワクワーク」が雇用する多くの大学生たちは、現地ＮＧＯの保護を受けている。彼らを雇用すれば、その分の費用が浮き、現地ＮＧＯはより多くの子どもたちに教育の機会を提供できる。コストだった若者たちは自ら「稼ぎ」、そして、自分の人生を切り開く自信をつける。

若者たちは、英会話学校の先生をやるだけでなく、次々と運営や経営を担い、エンパワー（＝仕事を通じて尊厳を取り戻す）されていく。まだ、創設三年目の小さな会社だが、いまや、創設者の山田の居場所がないくらい、フィリピンの若いスタッフたちが、この大切な職場の経営を、自分たちで切り盛りしている。

山田が実現したかったのは、このマインドセットの〝変革《イノベーション》〟だった。稼ぎながら、仲間と一緒に、居場所を持って生きていくことが実際にできること。それが夢で終わらず、実現できる力が自分にもあること。その事実を、フィリピンの若者たちに体感してもらう。これが、彼女がフィリピンの現状の中から見つけ出した、根本的で実現可能性の高い解決策だった。

英会話学校のコンテンツは最高をめざす。だが、これをツールに、結果としてつくりだしたい「これからの世の中の姿」がある。そのビジョンをかなえる方法を、実際に事業を動かしながら、フィリピンの若者たちと語って試行錯誤しながら、見いだしていく——これが山田と「ワクワーク」にとっての、まずは最初の「世界の変え方」だった。

●根っこに「自分」があるか?

ぼくは、二〇〇五年から慶應大学の湘南藤沢キャンパスを中心に、社会起業やソーシャル・イノベーションという分野で授業を担当し、たくさんの素晴らしい若者たちに出会ってきた。このキャンパスは、病児保育サービス「フローレンス」代表、駒崎弘樹(『「社会を変える」を仕事にする』英治出版)や、バングラディッシュでバッグをつくり販売している「マザーハウス」代表、山口絵理子(『裸でも生きる』講談社)を始め、社会やビジネスのあり方を問い直す、ユニークな起業家たちが生まれていることでも知られている。

授業で必ず学生たちと話しているのは、ビジョンやゴールを掲げるのも大事だが、それが「自分」につながっているかどうか、だ。社会によい、と思われることを無理に始める必要はない。それよりも、「わたし」を主語に、自分が気づいたこと、気になること、大切だと思うこと。その気持ちに火をつけて、直に現場で体感してみよう。ずっと挑戦してみたかったことを、いま、始めてみよう。そこからたくさんのことが始まる。そのチャレンジを「マイ・プロジェクト」として、取り組んでもらっている。

「マイ・プロジェクト」では、必ず、二枚のシートを書いてもらう。一枚は「Ｍｅ編」、もう一枚は「Ｐｒｏｊｅｃｔ編」だ。「Ｐｒｏｊｅｃｔ編」では、テーマを自由に設定し、自分が以前からずっとやってみたかったこと、気になっていたことに取り組んでもらう。お客さんを具体的に設定することが大切だ。

そして、実際にできることから始めていく。まずはリサーチでも、インタビューでもいい。小さなイベントをするのもいい。現場の数だけ、リアリティがあり、気づきがある。そこから、大きな学びと成長を得られる。

じつは、何より大切なのが、「Ｍｅ編」だ。ここに、自分の歴史や自慢歴を描いてもらう。小学校の時に好きだったもの。高校生の時はバンドをやっていたかもしれない。必ず、誰にも「これは！」という何かがあり、それをみんなで祝福する。おもしろがる（実際に、おもしろい）。自分が何者なのか、挑戦の背景やいま描いている夢を、仲間が知っている。これが挑戦するための、土台となる。

後のコラム（一一七頁）でも触れるが、以前、日韓の国際交流に関心のある学生がいた。彼女のビジョンは壮大で、日韓の交流から、世の中に平和をもたらしたい、という。では、何をすれば、それがかなうのか。

ぼくらは彼女の物語も、その先に描いていることも知っていた。だからこそ、プロジェクトは「いつでも、ミッションにむけて変更可能」だった。ある日、彼女のプロジェクトは、思わぬ方向に向かう。なんと、名付けて「おやこくさい交流」。国際交流の神髄を、まずは、ふだんからぜんぜん話せない、お父さんとの交流から始め、自分の家にも平和をもたらしながら、そこから見いだしたい、という。

ここでは詳細は割愛するが、彼女は、何度も方法論を変更し、試行錯誤しながら、最終的に「お父さんの話を、（いつもと違い）うなずきながら聴いてみる」というところに辿り着く。一見シンプルだが、この実践知は、じつは、とても大切な、さまざまな目に見えない現状のシステムを変換するヒントに溢れていた。

●世界を変える「方法」がわかってきた

本書の筆者たちは、世界を変える「道すじ」がだいぶ見えてきた、といっている。筆者

NOTE by 井上英之

マイ・プロジェクトの発想

①Why: どんな「わたし」が何を夢描いているのか？
②What: それを実現する、何をするプロジェクトなのか？
③How: プロジェクトを進めるため、進捗を管理しよう

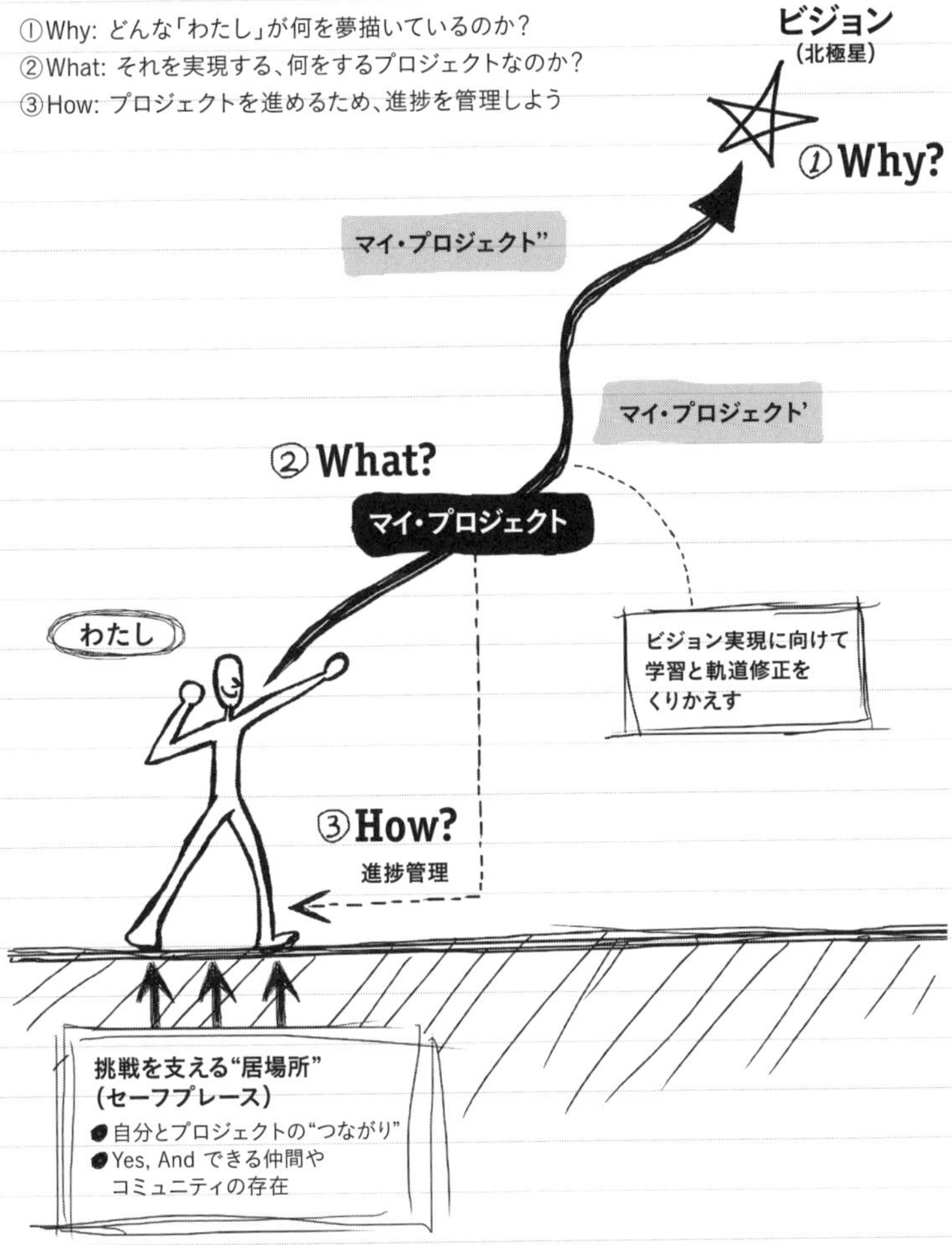

のひとり、デービッド・ボーンステインは、前著『世界を変える人たち』（ダイヤモンド社）でよく知られている、気鋭のジャーナリストで、この本は、世界中のビジネススクールで標準的な入門書として採用されている。スーザン・デイヴィスも、マイクロファイナンスの世界でよく知られている。

ボーンステインに初めて会ってから、約一〇年が経つ。その間、日本でも世界でも、「社会起業」と呼ばれる分野に大きな成長や変化があった。この本は、その経験から見えてきたことを途中経過もふくめ、みなさんと共有し、それぞれの国や社会、地域、働く場所、学校などから、一緒に世界をよりよいものにしていきたい、という彼らからのメッセージだと思う。

注目したい変化は、「社会起業家」という言葉が「ソーシャル・イノベーション」という言葉に、あちこちで置き換えられ始めているということだ。いま、世界には革新が必要だ。それには、社会起業家だけではなく、他のすべてのプレーヤーの参画や協力がキーになっている。社会起業家の存在は社会変革《ソーシャル・イノベーション》の象徴だが、この一〇年で持ちあがった課題は、社会起業家単独の事業のスケールとスピードには限界がある、ということだ。

これは、社会起業家の力不足や努力不足を唱っているのではない。むしろ、この一〇年で、社会起業家が、大きなソーシャル・イノベーションを生み出す一部であり、いちプレーヤーにすぎない、ということがわかったのだ。

本書にも登場するとおり、その時、政府は、企業は、学校は何ができるだろうか？この社会に生きるぼくら、ひとりひとりの力や役割は意外と大きくなっている。いまでは、インターネットという装置もある。社会的な課題は、起業家だけのものではない。もし、もっと新しい集合的なやり方で、それぞれの役割ごと新しくデザインし、世の中の変化をつくれるとしたら？　それは、新しい「世界の変え方」なのではないだろうか？

だから、すでに述べた、山田貴子の挑戦も、お父さんとの関係性から変えようとした女子学生の物語も、大切な意味がある。ぼくらが働くということ、わたしという存在が出会っているものには、意味がある。ここにいる場所から、新しい変化の〝火種〟を発見することができる。また、その変化に加担する方法も意外とたくさんある。

そのことを、筆者たちは伝えようとしている気がしてならない。この本が、あなたの内なる火種に、あたたかくて力強い勇気と、そして、いまと未来によきものを生み出す、「あなたが主人公の新しい物語」のきっかけとなりますように。

社会起業家になりたいと思ったら読む本　目次

第三章　社会起業家の基礎知識　～いま、なぜ必要なのか～

【用語について】

どの分野の仕事も、否定的な言葉を使って表現すべきではない——
こうした考えのもと、「非営利」「非政府組織（NGO）」などの用語は避けるよう心がけました。
むしろ、「社会的」「社会セクター」などを頻繁に使っています。

■社会起業家：この本で描かれているようなクオリティを見せている団体の創設者たち
■社会的企業《ソーシャル・エンタープライズ》：すでに事業化している組織
■社内起業家《イントラプレナー》：既存の組織や企業の内部で前向きな変革を進める人々
■チェンジメーカー《変革者》：以上の特定の役割に収まりきらない、変革を推し進める人々

〈デービッド・ボーンステイン／スーザン・デイヴィス〉

【訳注】

■本書に出てくる、主な社会起業組織の詳細は、巻末に「社会起業組織一覧」としてまとめた。
■引用されている文献は、邦訳があるものは邦訳タイトルと出版社名を記載し、未邦訳のものは、タイトルと本文、ともに独自に訳出した。
■原書では、第1章と第3章が逆になっている。邦訳に当たって、監修者と編集部の判断で、原著者の承諾を得て入れ替えた。そのほうが、日本の読者に届きやすくなると判断した。
■主なキーワードについて、本書では以下のように訳出した。
social entrepreneurship：社会起業とした。
social innovation：ソーシャル・イノベーション、または文脈に応じて、社会変革とした。
change maker：チェンジメーカー、または文脈に応じて、変革者とした。

〈編集部〉

はじめに

●わたしたちが抱えるさまざまな問題

この一〇年の間、9・11アメリカ同時多発テロの恐怖が暗雲のように垂れ込め、個人の行為が国家を混乱に陥れかねない時代の幕開けを、わたしたちはまざまざと見せつけられてきました。また、情報やテクノロジー、組織力のグローバル化に伴い、各国政府は国民の安全保障の拠り所を、いま一度問い直さざるをえなくなっています。

同時に、わたしたちはグローバルな問題にどう対処すべきかを考え直す必要に迫られています。というのも、いまや個人や少数グループが**以前よりも大きな破壊力を身につけたのと同じく、創造的な力も手にしているから**です。

これはよい流れだといえます。なぜなら、改革は急務であり、何としても成し遂げなくてはならない課題だからです。

さきごろの国際連合の発表によれば、金融危機のあおりを受け、一〇億人もの人々が飢えに直面しています。数百万人の女性や少女が、暴行や医療拒否により、早過ぎる死を迎えています。命にかかわる病気が瞬く間に世界中に広がっています。サンゴ礁は壊され、さまざまな種は絶滅へと向かい、飲料水の備蓄は枯渇し、地球の温暖化は加速する一方です。アメリカ国内では、迷走の止まらない医療制度と金融制度を何とか立て直さなくてはならない状況です。

次から次へと持ち上がる難題を前にすると、多くの人々は、世の中から目を背ける、混乱してどうしていいかわからない、白けて無関心になる、といった反応を示します。「何とかしたい」と感じながらも、難題の大きさに圧倒されたり、どこから手をつけたらいいかわからなかったり、解決は到底無理だと思い込んだりする人が大半です。**ですが、創意工夫、熱意、前向きな姿勢を活かして対応する方法を見つけ出した人も、おおぜいいます。**世界、国、地域の問題を、威力満点のアイデアや新しい方法で打開しようというのです。

このような人たちは、旧来の組織が見過ごしたり、誤った答えを出したりしてきた問題に目を留め、「このままではいけない」と声を上げるだけでなく、新しい解決策を編み出しているわけです。

そうした人々の活躍は十分に報じられていません。ニュースや情報が氾濫する時代とはいえ、**社会の問題を解決するために新しい組織を築く人々が無数にいる事実は、ほとんど知られていない**のです。わたしたちは世界の抱える問題については知っていても、その解決に取り組む人々についてはごくわずかしか知りません。ですから、**この本では彼ら彼女らの努力にスポットライトを当てます。**

●本書で、一緒に考えていきたいこと

これから「社会セクター」の状況を展望していきますが、その最先端を行くのが「社会起業」だと著者たちは考えています。

本書では、世界的な現象といえる社会起業が、将来に向けてどのような意味合いを担うのか、何が課題なのか、何を土台に広がってきたのかを論じます。おおぜいのチェンジメーカーが答えを探している問いを、わたしたちも一緒に考えます。「予測のつかない重要な難題が次々と押し寄せ、しかもその中身が次々と変化するなかで、どのように臨機応変に対応していくか」という問いです。

世界の人口規模、変化の速さ、技術の普及、金融・医療・環境危機の急迫、国境を越えた相互依存などを考慮すると、我々は対処のスピードを上げなくてはなりません。問題を予見して、拡大や増殖が起きる前に根絶しなくてはなりません。しかも、情勢の変化に合わせて絶えず新しい解決策を見つけ出す必要があります。

社会セクターと社会起業が勢いを伸ばす背景には、グローバル環境のもと、必要とされるものが以前とは異なってきている状況があります。二〇世紀においては、トップダウンで中央集権的な問題解決法が幅を利かせてきましたが、現在は、むしろ**総合的かつ分散型の問題解決方法が好まれるようになっている**のです。創意工夫によって問題解決を目指す努力が世界各地でなされ、それが新たな潮流になってきているのです。

●問題に切り込む社会起業

この数十年間に生まれたいくつかの動きを考えてみましょう。マイクロファイナンス《小規模金融組織》が誕生して、何億もの貧しい人々が経済的に自立する機会を広げています。農村に学校や図書館ができて、道路交通の発達していない地域で質の高い教育を提供しています。医療分野のイノベーションによって、胎児健診、ワクチン接種、微量栄養素、医薬品の普及が促進され、人々は病苦から解放され、乳幼児の死亡も抑制されています。

　人権団体の活動が、人種、ジェンダー、宗教、性的指向、障がいなどを理由に人々を差別する風潮をくつがえしつつあります。ソーシャル・ビジネス《社会的事業》が、人間の基本的ニーズに応える商品や環境にやさしい商品の市場を開拓しています。争いを解決する秘訣や共感のコツなどをうまく教える手法の開発が行われています。国際的なネットワークがナショナリズムを打ち破って、グローバル規模で人権の擁護にあたっています。

　問題にどういった角度から切り込むかはまちまちですが、今日のチェンジメーカー《変革者》には共通点があります。**人間のポテンシャルを解き放つための、下地づくりをしている**のです。より多くの人がその能力を世の中のために活かすことができる機会を創りだそうと、懸命に努力しているのです。そうして、**より多くの人が尊厳を持って生きていくことができるよう、後押しをしている**のです。

●社会起業3・0へ

　変革を前に進めるためには、さまざまな役割の人が求められます。第一に、新しいアイデアや組織を生み出す人（既存の組織を刷新する人）。第二に、こうした組織を実際に運営するおおぜいの人、第三に、さまざまな角度からこうした活動を支えるさらにおおぜいの人々です。

社会起業の分野ではこの四半世紀、これらの役割が互いにどう関係しているのかに対する理解が進んできています。社会起業の進化の過程をウェブの進化になぞらえて説明すると、次のようになるでしょう。

社会起業1・0では、（1）社会に大きな影響をもたらすような革新的なアイデアや実践的な問題解決モデルを持つ人間を見つけ出す仕組みをつくること、（2）彼らが社会で果たしている役割を伝え、彼らの功績にスポットを当てること、（3）彼らが社会的に大きなインパクトを達成できるような支援の仕組みをつくること、に注力されてきました。

社会起業2・0では、社会的企業が組織力を強め、パフォーマンスを向上させていくことに焦点がシフトしました。事業戦略や財務、経営管理などにおけるビジネスの知識や方法論が駆使されるようになり、社会起業家たちが持続可能で影響力の大きい組織や企業を築くための支援がもっぱらの関心事でした。

NOTE
by
井上英之

社会起業 3.0 へ

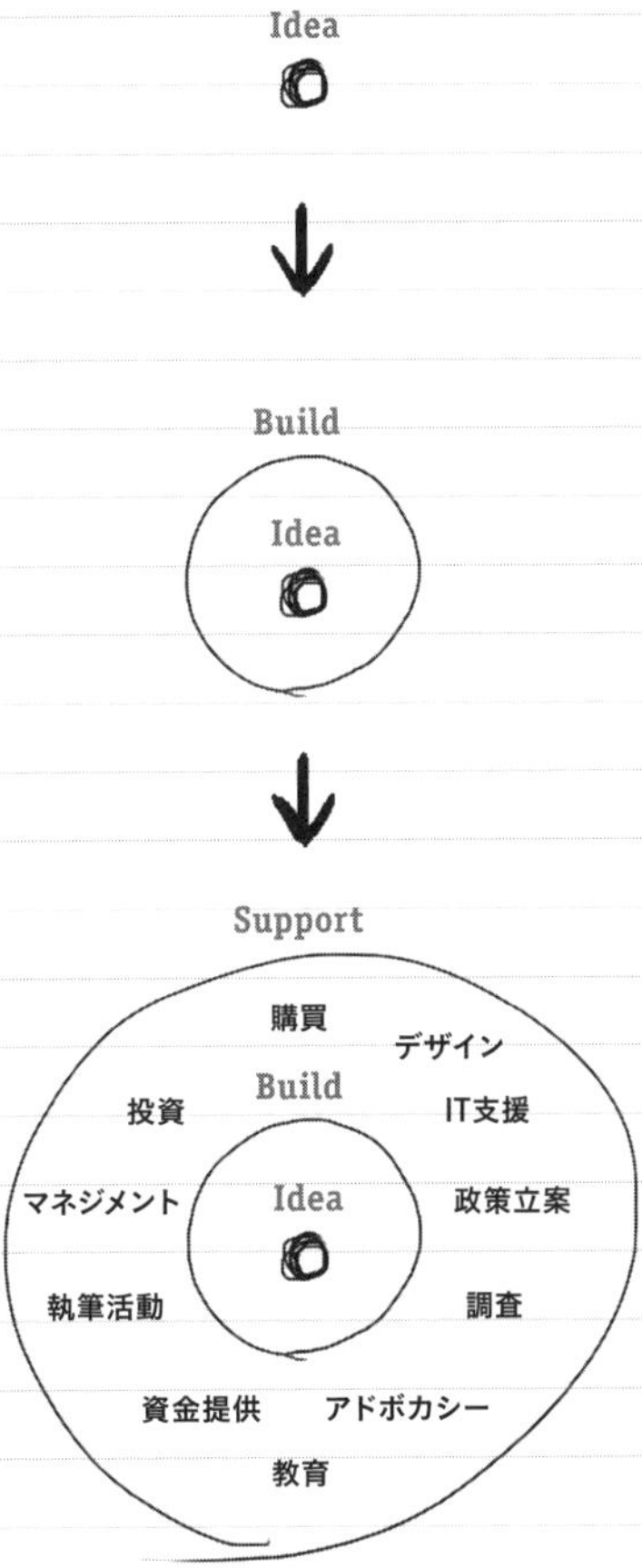

社会起業 1.0

「社会起業家」に焦点。彼らの存在やパフォーマンスにスポットをあて、その活動を支援

社会起業 2.0

社会起業家の「組織」のパフォーマンス強化に焦点。主にビジネスセクター出身者による協力

社会起業 3.0

「生態系（エコシステム）」に焦点。相互作用や「場」の力を重視し、あらゆる人がそれぞれの立場から変革に関与

現在は、**社会起業3・0**と位置づけることができます。社会起業3・0では、特定の起業家や組織の枠を超え、**あらゆる人がチェンジメーカーとしての潜在性を備えていること、**そして彼らの相互作用に着目しています。**「社会起業は伝播していく」**ということをわたしたちは学んだのです。社会を変えるために組織を立ち上げた人はみな、「自分のアイデアや解決策を追求すればいい」と他の人を勇気づけます。その方法は無限です。起業することかもしれないし、あるいは既存の解決策をさまざまな方法──投資、慈善による資金提供、マネジメント、アドボカシー、調査、教育、政策立案、IT支援、購買、執筆活動などを通じて、それぞれの立場から推し進めることも可能です。

●支援の生態系をつくる

社会起業という領域は、より多くのイノベーションを起こすことで、支援の「生態系（エコシステム）」をつむいでいます。これは自然な成り行きといえます。**ひとりの人、あるいはひとつの組織がリーダーシップを発揮するのではありません。**必要とあれば、世界中に散在する星の数ほどの人や組織が腰を上げるようになったのです。ひとつひとつの行動を見れば、その多くはささやかなものですが、**つながりをとおして互いを強め合ってい**

ます。全体として見た時、その力は単なる足し算の総和以上のものとなるのです。
これは、ちょうど、医師のルイス・トマスが今から三五年前に『細胞から宇宙へ』（未邦訳）で描いたアリの共同体に似ています。

アリがぽつんと一匹いるだけでは、さほど知恵があるとはいえないだろう。それどころか、神経細胞がいくつかつながっているだけなので、思考はおろか、精神の働きとさえ無縁と思われる。神経節に脚がついたようなものなのだ。ところが、蛾の死骸のまわりに四匹あるいは十匹のアリが寄り集まっていると、今度は何かを考えているように見える。とはいえ、エサを突いたり押したりして、ゆっくりと巣のほうへと運んでいく様子は、行き当たりばったりだ。巣のそばに何千匹ものアリが黒々と集まる光景に接してはじめて、アリという生きものの全貌が見えてきて、知恵を働かせ、計画を立て、計算していることがわかる。「生きたコンピュータ」並みの知性を持ち、機転を利かせてエサを運んでいるのだ。

人間が予見できることにもかぎりはありますが、わたしたちは**独自の発想をすることができます。**たしかに、遠い将来への影響はわからないかもしれませんが、ひとりひとりの行動が大きな目標にどう結びつくかを想像して、場合によっては正確な予測さえします。
わたしたち人間は、組織や土台を築くことで多様な取り組みの歩調を揃え、ムダを省き、効果を増大させることができます。

地雷廃絶国際キャンペーンやマイクロクレジット・サミットなどはよい例です。どちらも、参加団体が共通して掲げるグローバルな目標の達成に向けて、何千ものグループの取り組みをうまく束ねています。

●明確になった、世界を変える道すじ

社会起業3・0の焦点は、年齢層を問わずより多くの人々にチェンジメーカーの発想と行動パターンを身につけてもらい、チーム、あるいは「チームの集合体(teams of teams)」のなかで力を合わせて活躍できるようにするための土台づくりです。文化や専門領域を超えたつながりを形成し、とりわけ企業や政府とのつながりを強めることにより、解決策を世界中にすみやかに伝えるのが狙いです。

社会起業をめぐる研究は、**「変革はどうしたら起こせるのか」「社会はどうしたら自己再生できるのか」**に着目しています。これらの研究は、政府や国際援助機関の取り組みがえてしてかぎられた成果しかあげられなかったり、完全な失敗に終わったりするのはなぜか、成果を高めるには何を改めなくてはならないか、を解き明かすのに役立つものです。

NOTE
by
井上英之

知っておきたい!
社会起業キーワード

3つのセクターの考え方

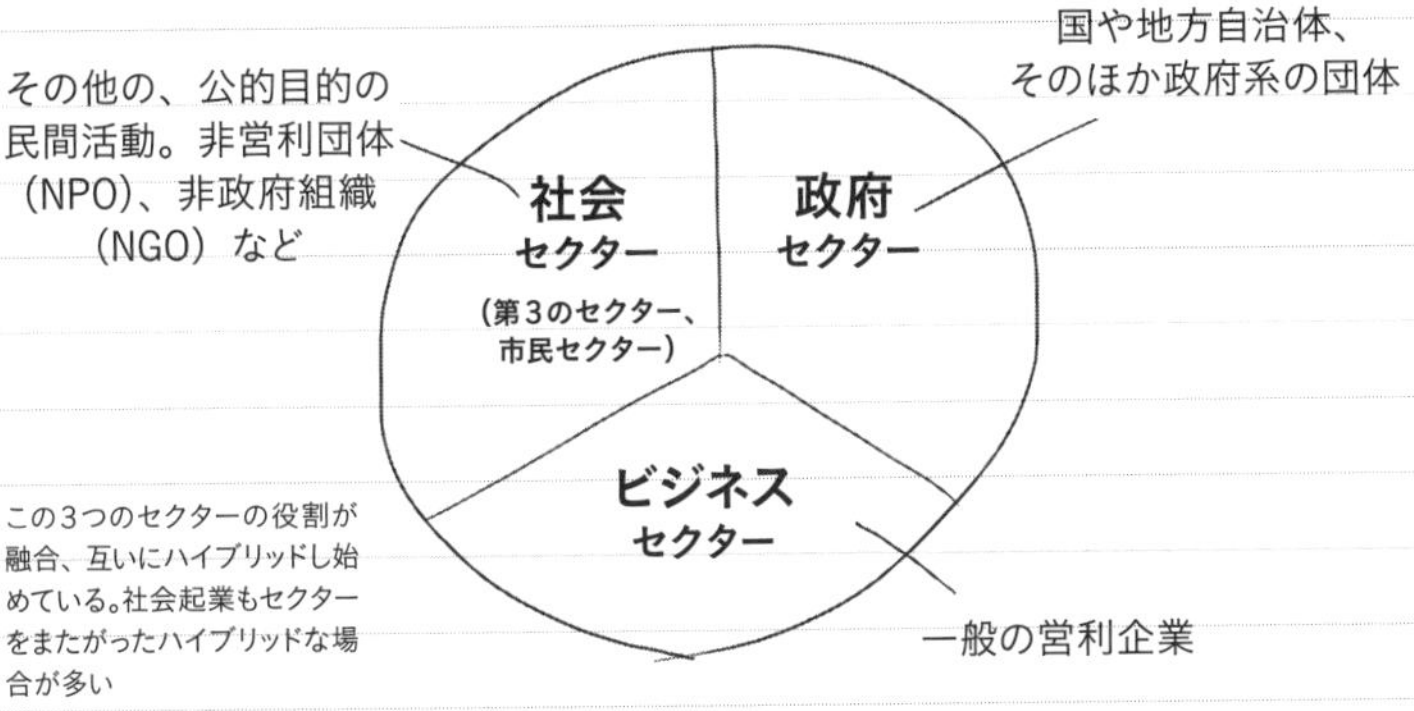

国や地方自治体、
そのほか政府系の団体
その他の、公的目的の
民間活動。非営利団体
(NPO)、非政府組織

この3つのセクターの役割が
融合、互いにハイブリッドし始
めている。社会起業もセクター
をまたがったハイブリッドな場
合が多い
一般の営利企業

社会起業家とは誰か?

注:実際には、ここに示した各用語は、世界中で
境界線が極めて曖昧に使用されています。

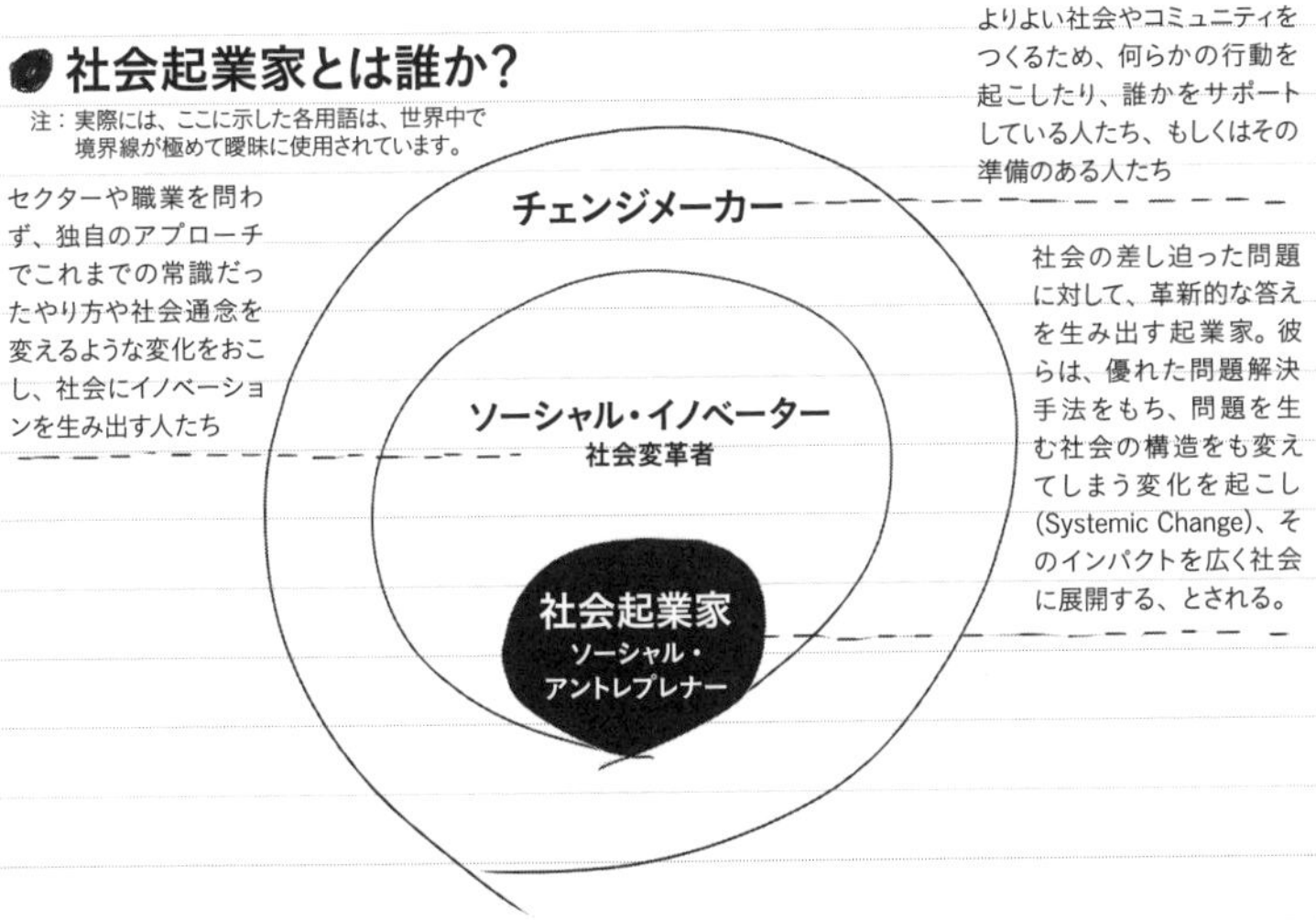

よりよい社会やコミュニティを
つくるため、何らかの行動を
起こしたり、誰かをサポート
している人たち、もしくはその
準備のある人たち

セクターや職業を問わ
ず、独自のアプローチ
でこれまでの常識だっ
たやり方や社会通念を
変えるような変化をおこ

ンを生み出す人たち
社会の差し迫った問題
に対して、革新的な答え
を生み出す起業家。彼
らは、優れた問題解決
手法をもち、問題を生
む社会の構造をも変え
てしまう変化を起こし
(Systemic Change)、そ
のインパクトを広く社会
に展開する、とされる。

社会変革者

社会起業の研究はこのほか、選挙で自分たちの代表を選ぶだけにとどまらない、より幅広い市民の役割を示して、民主主義の研究にも新たな視点を提供しています。

これから先、「自分たちが率先して社会問題への解決策を編み出すのが当然だ」と考える人が増えていくでしょう。

いまから四半世紀前には、社会起業家になるには並外れた自信とビジョンが必要でした。役割があいまいだったうえ、手本となる人がほとんどいなかったのです。**ですが、今日では、道すじはより明確になっています。**

創造につながる力が破壊につながる力を打ち負かすかどうか、わたしたちには知るよしもありません。ビル・クリントン元アメリカ大統領も、「わたしたちは、相互依存がもたらすよい効果と悪い効果、両方と競争しているのだ」と述べています。

難題はありますが、何百万もの人々が団結して問題解決に挑んだ歴史上の変革について考えると、やる気がみなぎってくるでしょう。この本がみなさんの興味に火をつけ、**「やればできる」という思いをいっそう掻き立て、みなさん自身が世界を変える道すじを見つけるきっかけ**になりますように。

第一章

社会起業家の可能性

～社会はイノベーションを待っている～

社会起業家の可能性は、社会起業家「以外」のプレーヤーを含めた、社会全体のエコシステム（生態系）をよく観察すると、より明確に浮かび上がってくる。

この章では、社会起業家が、どのように、政府や企業、教育機関、支援者たち、メディアなどと連携していくのか。同時に、こうしたプレーヤーたちがいかに社会起業家たちと効果的に協力し、行き詰まった状況を打破し、社会に革新をもたらしうるのか。

筆者たちの現場での経験知やリサーチの集積から、いま、世界で見え始めている、ソーシャル・イノベーションの大きな潮流を読み取れるだろう。（井上）

① ひとりひとりの意識が変わってきている

●先入観こそ最大の壁

〈グラミン銀行〉創設者ムハマド・ユヌスは貧困の原因について語る際によく、貧しい人々を盆栽になぞらえます。盆栽の種子は本来大きく大きく伸びる力を秘めていますが、小さな植木鉢に植えられたのでは成長しません。ユヌスは、学校に行けずにチャンスを奪われた人々は盆栽のようなもの、問題は種子ではなく鉢にある、と述べているのです。ユヌスにとって最大の難関《グレイテストチャレンジ》は、この点をいかに理解してもらうかだったそうです。

つまり、貧しい人々、金融機関、資本主義の本質などについての先入観こそが、何百万人もの成長を妨げているのだから、それを変えなくてはいけないというのです。彼は「先入観はわたしたちの目を曇らせます。わたしたちは、先入観の導きに従ってものを見てしまうのです」と語っています。

現在、社会起業家が取り組む何より重要な意識改革は、「世界で最も厄介な問題でさえも解決できる」と世の中に認知させることです。たとえば、アメリカではこの四〇年間、政府、宗教、医療、法律、金融、公教育、ジャーナリズムなど、さまざまな組織への信頼が地に堕ちてしまいました。しかしこの状況のもと、〈グラミン銀行〉、〈BRAC《ブラック》〉、〈アショカ〉ほか数々の組織が、新たな可能性を示しており、社会全体に希望や楽観的な考え方を広めるポテンシャルを持っているといえます。

社会起業家はまた、**個人レベルで何ができるかについても、先入観を打ち破ろうと努力しています。**彼らの多くがこれまで「力不足」「犠牲にするのもやむをえない」「社会復帰は無理」などと見られてきた人々の可能性を解き放つ方法を見つけました。

たとえばインドでは、〈チャイルドライン〉が路上暮らしをしていた子どもたちを動員して、全国的な児童保護活動の最前線で活躍させています。カナダでは、〈プランド・ライフタイム・アドボカシー・ネットワーク〉が、障がい者が社会の一員として歓迎されることにより、まわりの人々の人生を予想外に豊かにすることを、活動をとおして示しています。

アメリカでは〈ピースゲームズ〉が、都会の小学校五年生を「平和の構築者《ピース・ビルダー》」として訓練して、ランチタイムや校庭でのケンカをどう解決すればよいか、低学年の子どもたちに教えられるようにしています。校長先生たちによると、ピース・ビルダーの活動によって学校の雰囲気が変わり、授業を進めやすくなったといいます。

刑務所の服役囚、読み書きのできない農民、一〇歳児、七〇歳の老人など誰が相手であろうと、「弱点」に着目したのでは、真価を見抜くことはできません。

チェンジメーカーは逆の見方をします。**相手の強みに着目して、それを活かそうとする**のです。その過程では、貧困者、読み書きのできない人、障がい者、ドラッグ依存症、囚人、高齢で働けそうもない人などの創造性、打たれ強さ、道徳的に行動する力をめぐる社会通念を打ち破ります。そして、**「ほとんどの人は有能で誠実だ」**という前提で行動する組織のほうが、最悪の結果を予想する組織よりも常に優れた成果をあげることを、実証してきたのです。

●「現状に満足しない」が原動力

ポール・ホーケンは著書『サステナビリティ革命』（ジャパンタイムズ）において、「わたしたちはいまの半分の資源で二倍の成果をあげる方法を、経済のあらゆる領域で見つけ出さなくてはならない」と述べています。これを実現するためには、「初心」、無心になって神経を研ぎ澄ます姿勢、「訓練された無能力《トレインド・インキャパシティ》」の状態で課題に挑む必要があるでしょう。

今日では、わたしたちを導き勇気づける、手本となる存在は何人もいます。たとえば、マイクロファイナンスが誕生する前は、㈠銀行家は融資を一対一で管理する、㈡担保を取らなくてはいけない、と考えていました。これら二つの条件のせいで貧困者は融資を受けられませんでした。〈パートナーズ・イン・ヘルス〉の人々が、多剤耐性結核やHIV／AIDSについて直接監視下治療を考案して普及を促すまでは、ほとんどの人は、発展途上国の貧困者がこれらの病気に対処できるとは考えていませんでした。

近年、社会起業家がアメリカで設けた機会に恵まれない生徒を対象とした学校（グリーン・ドット・パブリックスクール、アンコモン・スクール、ナレッジ・イズ・パワー・プログラム〈KIPP〉など）は場合によっては驚異的な成果をあげています。授業日数や学年度を改め、教師に対するサポートに力を入れ、家族を巻き込み、人格教育や授業への出席率向上を重視した教育手法を取り入れたのです。

企業は、社会、財務、環境面の成果目標を統合して考える傾向を強めています。医療分野では最新の手法によって成果が高まりコストが下がっています。看護師の裁量を増やし、簡単なやり方で患者の判断を助け、医師がベストなデータにもとづいて治療ができるよう後押ししているのです。

これらの変革が実現したのは、**現状に満足しない人々が、古いやり方に代わる方法を探し求めたから**です。X線やペニシリンは別のものを探すなかで発見されましたが、それと同じく、上記のような変革を成し遂げた社会起業家も、自分たちがどこへたどり着くのか必ずしもわかっていませんでした。しかし、実験、観察、調整を重ねたのです。〈KIPP〉を設立したマイク・ファインバーグやデイブ・レビンは何年ものあいだ、**走りながら授業の進め方を軌道修正していきました。**尊敬する教育者の用いる手法のなかから重要な要素を選り抜き、生徒やその家族をどう巻き込めばよいかを探ったのです。

既存の枠組みにとらわれずに幅広い発想ができる人は、三つの能力に秀でています。一つは、シンプルな、いやむしろ端目には子どもじみた印象さえ与えそうな**問いに疑問を持てる力**です。たとえば「どうして農民にはお金を貸せないんだろう」「スラム街の生徒が授業に集中できないのはなぜか」といった問いです。二つめは、自分や世の中が当然と見なしている**前提を疑い**、それが組織の行動にどう影響しているかを振り返る力です。「スラム街での子どもたちへの見方は、学校での教育にどう影響しているのだろう」といった考え方です。三つめとして、そこから**目を逸らさない粘り強さ**と、当事者とじかに向き合う意志の強さを発揮して、問題を十分に理解する力です。先の例では、農民、生徒とその親たちなどと直接会って話を聞く、などです。

求められる
社会起業家の3つの能力

1, 疑問を持てる力

スラム街の生徒が授業に集中できないのはなぜだろう……

etc...

2, 前提を疑う力

スラム街での子どもたちへの見方は、
学校での教育にどう影響しているんだろう……

etc...

3, 粘り強く取り組む力

生徒とその親たちに直接会って話してみよう！

etc...

●「ゼロサム」から「ノン・ゼロサム」へ

誰もが毎日、他人を頼り、他人からも頼られているのですが、その事実を思い起こすのは、停電が起きた、食肉汚染が発覚して回収になったなど、**何かの仕組みが崩壊した場合だけ**です。わたしたちは日々、小さな判断を下しています。たとえば、子どもにどう話しかけるか、何を食べるか、どう迂回路を見つけるか、どの商品を買い、どうそれを廃棄するか、といったことがらです。こうした判断は、予想もしなかったような影響を世の中におよぼします。

この三〇年間に、〈アースデイ〉や〈ツリーハガー・ドットコム〉などの環境運動は、この意味において大切な役割を果たしました。これらの運動をしたことで、スモッグ、河川の汚れ、森林破壊、種の絶滅、地球温暖化といった大がかりな環境問題と、ひとりひとりの行動がどうかかわっているか、人々に理解されるようになったのです。

心理学者のエイブラハム・マズローは、人間の欲求をいくつかの階層に分けました。一番下の段階は生きていくために必要な食欲などの生理的欲求、一番上の階層は自己実現の欲求です。哲学者のケン・ウィルバーは、社会はいくつもの似通った意識段階を経ていき、そうするなかで世界の全体的な性質を少しずつ受け入れて自分たちの価値観に反映していく、と説いています。

簡単に述べれば、**わたしたちの意識は「わたし」から「わたしたち」、やがては「わたしたちみんな」へと変化していく**のです。

〈ピュー慈善財団〉が資金を出して行った世界規模の調査によれば、自分を「グローバル市民」と見なす人々の数が増えています。『文化の創造者』（ポール・レイ／シェリー・アンダーソン著、未邦訳）では、五〇〇〇万人のアメリカ人と九〇〇〇万人のヨーロッパ人が「この世界は、ひとつの社会と生態系が絡み合って構成されている」という共通の見方をしている、と述べています。

ロバート・ライトは著書『ノンゼロ：人間の運命についての理論』（未邦訳）において、以上のような発想の変化を、進歩に伴う必然的な順応だと書いています。ライトは、世の中の発想は、誰かが得をするとべつの誰かが損をする**「ゼロサム」型から、全員が得をする「ノン・ゼロサム」型へとしだいに移行していく**、と主張しているのです。

温暖化ガス、疫病の流行、経済危機など、今日の社会が抱える問題に立ち向かうには、世界が足並みを揃えて解決策を編み出さなくてはなりません。個人や小さな集団がテクノロジーを武器に、国を脅かすおそれもある今となっては、権力者ももはや「弱い者」を見くびるわけにはいかないのです。

●世界はつながってきている

『ノンゼロ』にも書かれているように世界全体が運命共同体であり、多くの起業家もこの状況に適した活動を展開しています。たとえばフェアトレード運動は、自分たちの飲むコーヒーや着ているTシャツが、地球の裏側にいる農民や縫製者の生活にどう影響しているか、といった経済や環境に対する消費者の理解を深めようとしています。〈海洋管理協議会（MSC）〉は、海の生き物の健康を保つために何ができるか、漁業や水産加工業に携わるおおぜいの人々や小売業者、消費者に知らせる活動を行っています。〈ソーシャル・アカウンタビリティ・インターナショナル（SAI）〉のような団体は、先進国の働き手、たとえば大手アパレルチェーンのバイヤーやデザイナーなどに、自分たちの判断がもたらす影響に関する理解を深めるための支援を提供しています。

マンハッタンで仕事をするデザイナーが土壇場になって急遽デザインを変更すると、縫製の期間が短くなるわけですから、中国の工場で働く数千もの人々が何週間も時間外労働をしなくてはならないかもしれません。最近ではこのデザイナーは、デザインを変えるメリットと、それによる縫製現場の負担増とを比べたうえで、判断を下すことができるようになりました。

〈ラグマーク・インターナショナル〉や〈ヴェリテ〉といった組織は、児童労働や不法就労ほか人権侵害に関与する企業の商品について、消費者に注意を喚起しています。メーカーや小売業者のあいだでは、商品がどこでどう作られたかをバーコードに明示することにより、消費者に「サプライチェーンの透明性」や「トレーサビリティ《追跡可能性》」を用意する動きが広がってきています。

平和な世界を望むなら、家族、友人、同僚などと穏やかな関係を築こうと努めるのは当然です。ところが、これを世界全体に当てはめるとなると、話は込み入ってきます。ガンジーでさえ、インドの民に「外国製の衣類を燃やして、国内製のものだけを身につけよう」と呼びかけた際、イギリスの貧しい労働者にしわ寄せがおよぶかもしれないとは思いもしなかったでしょう。自分の行動が周囲にどう影響するか、すべてを考慮するのは不可能なのです。

ですが、努力や行動はどれも、絆を深めたり、共感を広げたりするのに役立ち、「他者に支えられて生きている」と思い起こすきっかけになります。**このような小さな積み重ねが、大がかりな構造的変化への力となります。**たとえば、国際刑事裁判所や子どもの権利条約は、「ひとりひとりの尊厳を守りたい」という全世界にほぼ共通する願いの結晶として生まれたのです。

の後インストラクターになったり、広報や運営を担ったり、ボランティアで『産後白書』の編集、翻訳に携わったりと事業活動に参画するところにある。在宅のままでも運営に参画できるように、スカイプやメーリングリストなどを活用して、クラウドオフィスを運営している。こうして、サービスをよく知る顧客を巻き込んで組織は成長する。

さらに、母になる前まで働いていた彼女らにとっては、出産後に「消費者」にまわってしまっていた自分が、サービスを提供する側になることができる。社会とのつながりを取り戻す。これは、「尊厳の回復」に他ならないし、母たちが“いきいき”とすることは、世の中のリソースの活性化としてもインパクトがある。結果として、政府が提供するよりもはるかに効率よく、そして効果的に「産後支援」「社会復帰支援」の2つを、マドレボニータが実現している。

また、文中の、ピースゲームズの例は素晴らしい。子どもたちに、特定の「マインドセット」を諭して教えるのではなく、「小学5年生の子どもたちが、低学年の子どもたちを教える」という行為を通じて伝播していく。「子どもたちが自分で教える」というのが、マインドセットの変わる、“行動”（アクション）というボタンだった。

ここには「何もない」というものの見方から、「何かある」と思って、すべてのものを見渡してみよう。意外と身近なところに、社会に広がる革新的なイノベーションの火種は潜んでいる。そこから、顧客や当事者たちとともに粘り強く探り、進化させていく。まずは、「あるもの」を好奇心いっぱいにさがしてみよう！

まとめ **ひとりの力は大きいという事実に気づこう。未来は、ぼくらのものの見方（マインドセット）しだいだ。**

Point
by
井上英之

① ひとりひとりの意識が変わってきている

マインドセットが、イノベーションをつくる

ヒーローたちに、「どうせ」という言葉は、似合わない。「どうせ、がんばっても……」と言うウルトラマンや仮面ライダーは（たぶん）いない。映画のスターや歴史の英雄たちも、苦しみながらも、最後は、粘り強く自らを信じ明るい方に賭けていく。その姿が、ぼくらに勇気を与える。

そんなヒーローたちと同じように、社会の問題解決に挑む起業家たちは、「解決できっこない」「変わらないよね」という社会の先入観を前提からくつがえす。何よりも、ボーンステインがこの項目で伝えるのは、個人のもつ可能性に対する“考え方”の大切さだ。

そう、この項目で描いている大切なこと。それは、ものの見方や考え方（マインドセット）を変えると、結果も変わっていく、ということ。

インドのチャイルドラインでは、子どもたちの問題解決に、まさに当事者であるストリートキッズが活躍する。助けられる、とされていた当事者たちが、創造的な力を発揮し、彼らは社会の「コスト」ではなく、新しいイノベーションをつくりだす「人材」となる（事実、この子どもたちはストリートで起きている状況のことなら、誰よりも詳しい）。これは決して簡単なことではないが、根底に流れる“人間観”の転換でもある。お金のない彼らを、可能性のない人たちとして見るのではなく、何かを生み出しうる存在として見ると、彼らに尊厳と可能性が生まれる。

そんな尊厳の革命は、あちこちで起きている。日本でも、出産後の女性向けに、産後の心とからだをメンテナンスするサービスを提供する「マドレボニータ」というNPOがある。起業した吉岡マコさんは、自分自身の産後の経験をきっかけに、出産後の母たちが自己効力感を取り戻す場をつくりたいと、事業を始めた。

この組織がおもしろいのは、産後プログラムの受講生だった女性たちが、そ

② 教育とできること

●子どもの知的探求心を伸ばす

『0歳児の「脳力」はここまで伸びる』(アリソン・ゴプニック/アンドルノ・N・メルツォフ/パトリシア・K・カール著、PHP研究所)に、乳幼児は生まれて間もないころから「考え、結論を引き出し、予測を立て、探求し、はては実験までしている」と記されています。子どもたちは、大人が想像するより遥かによく自然の原理を知っていて、触れるもの、味わうものすべてを理解しようとします。誕生後の二年間に、知能は目覚ましく発達します。

ところがたいていの子どもは、それから数年のうちに知能の発達スピードが大きく落ち込んでしまいます。小学校に入るころには、あふれんばかりの好奇心や機知のほとんどを失い、数年前の比類ない探求者の面影はまったくなくなっています。

教育者として名高いダックワースの著書『素晴らしいアイデアのひらめき』(未邦訳)において、子どもたちは学校に入ると、先生の指導に従わなくてはならないため、生まれながらの熱意や探究心が抑え込まれてしまうと説明しています。中身の構造を見ようとしてモノを壊す。大人が戸惑うような質問を投げる。靴を左右逆に履くとどんな感じか確かめようとする……。こうした生徒は往々にして、大人から「困った子ね」というような視線や言葉を浴びてしまいます。

ダックワースは、子どもが抱くもっともな知的探求心は、大人たちによって「くだらない」「とるに足らない」「役に立たない」として無視されることが多いと批判しています。そして、教師たちは、アイデアを見つけてそれを楽しむように子どもたちの背中を押し、そのための機会も設けるべきだ、と提案しています。子どもたちは、「自分のアイデアに価値がある」と心から感じて初めて、関心、能力、自信を培い、大人になってからもずっと学び、行動するのです。ダックワースはこうも述べています。**「アイデアに自信を持つとは、『このアイデアは正しい』と思うことではなく『このアイデアを試したい』と思うことです」**。

社会起業の核心をなすのは、他者の役に立つアイデアを試そうとする意気込みです。**社会起業家は行動派の研究者**だともいえるでしょう。そう、理論にひたすら頼るのではなく、主に試行錯誤をとおして学ぶのです。彼らが世の中と向き合う姿は、職人が壊れた時計を扱う様子と重なります。若者にただ知識を詰め込むだけでは、このような発想や行動を身につけさせることはできません。以上のような教育上の課題を踏まえると、型どおりの試験の限界が見えてきます。

●必要なのは共感力

世の中が揺れ動いている今、ニーズや機会の変化に対応して自分のキャリアの可能性を大きく広げるよう迫られる人が増えていくでしょう。成功するかどうかは、知識の量よりもむしろ、未知の事柄を学び、パターンを見極め、率先して行動し、仲間と一緒に仕事をする手腕にかかってくるのではないでしょうか。このためには共感の力を伸ばすことが大切です。なぜなら、文化や価値観の異なる、新しい人たちと接する機会が増えているからです。

共感力は練習によって伸ばすことができます。カナダ人の教育家で社会起業家でもあるメアリー・ゴードンは、小学生や中学生が共感力を身につけられることを示しました。彼女がトロントに設立した〈ルーツ・オブ・エンパシー〉は、共感力を身につけて活用できるよう、何万人もの子どもたちを手助けしています。その手法は斬新なものです。毎月一度、教室に赤ん坊とその親（たいていは母親）を迎えて、インストラクターが生徒たちを指導します。赤ん坊は「教授」の位置づけです。

授業では毎回、赤ん坊を観察してどういった音、表情、動作を示すかを説明するように、また、それらを自分自身の経験と結びつけるよう生徒たちに求めます。すると生徒たちは、赤ん坊がどういった感情を抱いているかを見極め、それを言葉で表現することをとおして、自分やクラスメートの感情についての理解を深めます。〈ルーツ・オブ・エンパシー〉の指導を受けた生徒は、いじめや仲間外れ（子どもにとって何より辛い経験）に加わる割合が際立って低く、感情を抑えたり、同級生とよい関係を築いたりする術をうまく身につけていたことがわかっています。

民主主義の社会では、市民は他人に共感し、問題の存在に気づいて一緒に解決策を生み出していく必要があります。長期的な目標から目を逸らさず、逆境にもあきらめずに立ち向かう人が必要です。必要なら変革を買って出ようという心意気のある人が必要です。

一例を示しましょう。社会起業家の発掘・支援をしている〈アショカ〉は数年前に、**組織のビジョンを社会起業家という分野を生み出すことから「誰もがチェンジメーカーになれる」へと改めました。** そして、このような目標に向けた教育は小学校から始めるべきだと考えています。なかには、基本的な読み書きや算数を教えるのにさえ苦労しているのだから、子どもにチェンジメーカーになる方法を教えるなど無意味だ、という意見もあるでしょう。ですが、**子どもたちは自分のアイデアが評価されると、学ぼうという意欲を自発的にみなぎらせます。**『素晴らしいアイデアのひらめき』（未邦訳）の著者が述べているとおり、残念ながら、融通の利かない指導方針に染まった先生は、ふつうと違った行いをなかなか認めることができず、創意工夫の成果を評価しません。

苦手意識を持つ生徒の多い算数でさえも、工夫をほどこせば全員にとって楽しい教科になります。トロントに〈知られざる算数の天才児〉という組織を設立したジョン・マイトンは、世の中の常識とは裏腹に、**たいていの生徒は学び方しだいで算数に自信を持てることを、何百もの教室での指導をとおして証明してきました。**マイトンは、習熟度の違う何人もの生徒たちに、同級生との比較などはせず、それぞれの学習段階ごとに満足のいく成果をあげるための授業のカリキュラムと進め方を工夫しました。

マイトンの著書『能力をめぐる神話』（未邦訳）のなかでは、先生たちは学びの感情的な側面よりも認識的な側面を重視しているが、それは間違っていると書いています。自信を持たせることを第一の目標にすべきなのです。なぜなら、**自信が備わると注意力が高まり、自分から進んで努力する**からです。

マイトンの手法を取り入れたクラスでは、算数の授業が始まると生徒たちが嬉しそうな顔をするといいます。レベルごとにご褒美をもらうチャンスがあるなら、課題が少しずつ難しくなっていっても、子どもたちは当然のようにそれを楽しむでしょう。ゲームソフトの人気の秘密もここにあるのです。

●知能よりも努力をほめる

チェンジメーカーになろうという人を増やすには、学校は次のような意識を生徒に持たせるとよいでしょう。

①自分のアイデアには価値がある
②疑問を持ち、自分から行動を起こすのはよいことだ
③仲間と力を合わせて何かをするのは楽しい
④たとえ失敗しても、挑戦しないでいるよりは遥かに望ましい

このような考え方を強める方法は、以上のほかにも、心理学者キャロル・ドゥエックが著書『「やればできる!」の研究』(草思社)で紹介しています。**ほめ言葉や評価の方法を工夫して、子どもの注意が知能や才能よりも努力に向くようにするとよい**、というのです。ドゥエックは、「賢い」とほめられた子どもは忍耐が足りなくなる傾向がある、という意外な結果に気づきました。こうほめられると、成果があがったのは、後から伸ばすこ

とのできない先天的な能力のお陰だ、と考えるようになるわけです。ドゥエックはこれを、「こちこちマインドセット」と名づけています。反対に、能力や成果は努力しだいで決まると教わった子どもたちは「しなやかマインドセット」を身につけます。しなやかマインドセットの持ち主のほうが、間違いを潔く認め、困難にも強い決意で立ち向かおうとするそうです。これらは、社会起業家に欠かせない資質です。

学校で明日の社会起業家を育てるには、変化を起こす練習をするよう、いまから生徒たちの背中を押しておくのが、一番よい方法だといえます。社会起業分野は若者が引っ張るかたちで急成長していますが、これは学校とはほとんど無関係な動きです。若者は、他の若者が社会問題にどう挑んでいるのか、または失敗しているのか、学ぶべきなのです。

具体的には、〈ユース・ベンチャー〉、〈ドゥ・サムシング〉、〈ユースノイズ〉、〈インジヤズ〉、〈テイキングITグローバル〉、〈フリー・ザ・チルドレン〉、〈インターナショナル・ユース・ファウンデーション〉、ガールスカウトの「チャレンジ・アンド・チェンジ計画」などの実例を参考にするといいでしょう。

現在では多くの学校が、公園を清掃したり、貧しい人々に食事を配給したりする活動をとおして、生徒にボランティア精神を学ばせています。これらは大切な取り組みではありますが、先生に言われたからとか、レジュメでアピールできるから、といった理由で参加しているだけの生徒もなかにはいます。もっと革新的なやり方もあるでしょう。まず、生徒に難題を与え、解決策をひねり出すように求めます。そして、組織をつくり、資金を集め、官僚的なやり方を乗り越え、自分たちの成果を見極める、といった構造的な助言を与えるのです。

なお学校では、今よりも幅広い行動を生徒に奨励して、うまくいったらほめる必要があるでしょう。一流の高校や大学へ進学する成績優秀者、スポーツ選手や科学を得意とする生徒と同じように、学校は、評賞制度、カンファレンス、事例紹介などをとおして、生徒が中心になって社会問題の解決に取り組んだ生徒たちを称えることに、もっと力を入れるべきでしょう（〈シーメンス財団〉が主催する数学、科学、テクノロジーのコンクールで優勝すると、一〇万ドルの賞金が与えられ、全米から注目されます）。

よりよい学校、地域社会、自治体の実現に向けて知恵を絞ったことが評価された生徒は、力ある市民へと成長するでしょう。**「難題にぶつかっても解決策を見つけてみせる」**という心意気を一生持ち続けるのです。

このような教えを受けた生徒は、ただ飲み込みがいいだけではありません。大切な仲間として、より大きな成果をあげる楽しい学校を一緒につくるようになるのです。

と、プロジェクトを実行してみて転んだとき、多くを学び、ふたたび立ち上がれる。

個々人の努力と同時に、環境をつくる努力も重要だ。人はまわりから、「それでいいんだよ」というフィードバックをもらうことで、安心できる場所（セーフ・プレイス）に身をおくことができる。思い切り挑戦し、飛躍するには、しっかりとした地面が必要だ。こうした環境を「デザイン」することは、イノベーションを促進するために、これからぼくたちが意図して行う、新たな「テクノロジー（技術）」として極めて重要になる。

ボーンステインが、以前、あるインタビューでこんなことをいっていた。
「革新的なことをしようとするとき、組織として共有しなきゃいけないのは、まず『ぼくらは新しいことをする人を求めているし、もしその実験がうまくいかない場合でも個人的にペナルティーを科したりはしない、そういう努力を祝福するよ！』ということなんだ」

これは教育だけの話ではない。何か新しいことをしようとすると、歓迎されず「NO」といわれてしまう環境にいる、多くの働く人へのメッセージでもある。

ぼくらは、たまたま登場する、“優れた”リーダーを待ちその人に頼るのではなくて、新しい挑戦が生まれやすい環境を、決意を持ってつくらなくてはいけない。
進化の鈍化は、組織や社会の生命力の危機である。誰かの挑戦に、心から「いいね！」といってみよう。他ならぬ、自分たち自身のためにも。

まとめ

若い挑戦を歓迎しよう。
そういう周辺環境をつくろう。

Point
by
井上英之

② 教育とできること

失敗を許す環境をまわりがつくる

本書にも繰り返し登場する、世界の社会起業家を発掘し、支援する団体「アショカ」が、組織のビジョンを社会起業家という分野を生み出すことから「誰もがチェンジメーカーになれる」世界をつくるに変更したことは、重要なメッセージを含んでいる。
「誰もがチェンジメーカー」なら、ぼくらは、大切な可能性を持った子どもや若者、挑戦しようとする人たちすべてが、チェンジメーカーの火種だと気づく。そして誰もが彼らの成長と世界の変化に加担することもできる。アショカは、ビジョン変更によって、社会起業をめぐる周囲の意識から変えようとしている。

いうまでもなく、優れた起業家やイノベーターの出現には、優れた周辺環境が必要だ。どんな天才的に思える存在にも、じつは本人の努力のみならず、周囲の環境が大切となる。
マルコム・グラッドウェルの著作「Outliers」(邦訳は『天才!―成功する人々の法則』講談社)でも同様のことが語られている。社会イノベーションの文脈の中でもよく取り上げられるグラッドウェルも、飛び抜けた成果を出した人たちの多くは、自分で努力した成果のみならず、外部環境が効いていることを強調している。突出したスポーツアスリートになれるかは誕生月と関係していることはよく知られる事実だ(例:1月から新学年がスタートするカナダでは、優秀なアイスホッケー選手に1月から3月生まれが多い)。

序文でも書いたが、私は大学で、学生たちに「マイ・プロジェクト」というものに取り組んでもらっている。その際に、「Me編」ではその人の子ども時代から高校生時代のことや自慢歴など、自分のことを描いてもらう。そこにある輝く可能性に、みんなで「Yes, And」(いいね!　すごいね!)を伝える。どんな若者にも、何か素晴らしいものは必ず宿っている。そこで、みんなに肯定してもらえる

③　大学とできること

●世界三五カ国に広がる講義

　この一〇年間、社会起業は学問の対象になってはいますが、まだまだ主流とはいえません。大学で社会起業の講座が初めて設けられたのは一九九四年。ハーバード大学でのグレゴリー・ディーズによる講座でした。ディーズは現在、デューク大学フクア・ビジネススクールの社会起業養成センター（ＣＡＳＥ）の責任者を務めています。現在では、世界三五カ国でおよそ三五〇人の大学教員が社会起業の講義をしているそうです（この情報は〈アショカ〉が編纂した『社会起業指導便覧』にもとづきます）。

　ハーバード大学、ニューヨーク大学、オックスフォード大学などの有名大学は今、魅力ある研究奨励制度を設けて社会起業に関心のある学者を惹きつけています。多くの有力大学が社会的企業について講義を行い、社会起業アイデアのコンテストを主催しています。インドのタタ社会科学研究所（ＴＩＳＳ）は、社会起業分野で初のＭＢＡコースを設けました。社会起業はまた、公共政策、教育、デザイン、都市計画、公衆衛生、ソーシャルワーク、法律、工学、環境科学、テクノロジーといった分野のカリキュラムに組み込まれています。コミュニティカレッジの多くでも社会起業の授業を行っています。こうした動きの原動力となったのは、学生からの要望でした。

いまのところ、社会起業の標準的なカリキュラムはありません。〈ユニバーシティ・ネットワーク・フォー・ソーシャル・アントレプレナーシップ〉（〈アショカ〉とオックスフォード大学が共同で立ち上げた社会起業を扱う大学連合）は、世界中の研究成果やケーススタディのオンラインプラットフォームを築きつつあります。ですが、多くの学問領域にまたがる研究をどう位置づけてまとめるかという、実務上の課題も生まれています。現在のところ、社会起業は「起業」という社会科学の分野に位置づけられています。

そのうえ、社会起業関連の学術誌は現在、スタンフォード大学の『スタンフォード・ソーシャル・イノベーション・レビュー』、マサチューセッツ工科大学（ＭＩＴ）の『イノベーションズ』、そして発刊されたばかりで、オックスフォード大学スコール・センターのアレックス・ニコルズが編集している『ジャーナル・オブ・ソーシャル・アントレプレナーシップ』の三誌だけです。研究者は、経営、起業、組織開発、公共政策といった分野にも寄稿しています。そのためには、それぞれの分野に沿った考えを述べなくてはなりません。

●広がる大学との提携

社会起業は、従来の学問領域にすんなり当てはまるわけではありません。たとえば、**医療の問題に対処したいと考える人は、たとえば歴史学、行政学、会計学といった分野の知識を必要とするかもしれません。**理想的には、社会起業を目指すならばさまざまな学部で学び、また実践的な研究やフィールドワークを通じて単位を取得できるとよいでしょう。

これを後押しする仕組みとして、ニューヨーク大学の「レイノルズ・プログラム」があります。学部の垣根を越えて大学全体で社会起業の研究を奨励する初の制度です。この先駆的なプログラムは、ニューヨーク大学ロバート・F・ワグナー公共政策大学院で開設され、あらゆる学部や領域の学部生、院生に門戸が開かれています。

ハーバード大学ケネディ行政大学院パブリック・リーダーシップ・センターも、キャサリン・B・レイノルズ財団の支援のもとで社会起業分野の研究奨励制度を設けました。このプログラムは、起業家精神を持った公務員を育成することに的を絞っており、行政、教育、公衆衛生といった分野の大学院生を対象にしています。

コロンビア、スタンフォード、ミシガンといったアメリカの大学、スペインのナバラ大学、スイスのジュネーブ大学など多くの大学が、〈アショカ〉、〈エコイング・グリーン〉、

〈ニュープロフィット〉、〈スコール財団〉、〈シュワブ財団〉などと提携しています。このような提携のもと、学生、教員、社会起業家が定期的に連絡を取り合っています。〈アショカ〉が大学と組んで展開する「アショカU」という施策は、コーネル、ジョンズ・ホプキンス、ジョージメイソン、メリーランドといった大学の学生、教員、スタッフとの共同の取り組みから発展しました。

どう変革を推し進め、社会起業の指導や調査を充実させればよいのか、その方法を学生がつかみ取れるよう、後押しをするのが目的でした。〈アショカ〉は現在、上記のような大学のネットワークを築いています。**コラボレーションによる問題解決を次々と行い、こうした学びを大学の通常カリキュラムに組み入れようとしている**のです。こうすれば各大学は、ただ卒業生を輩出するのではなく、チェンジメーカーの育成を目標にして舵を取りなおすことができます。

大学と実業家とのこうした新たな提携は、多くの分野で研究を行うためには欠かせないものです。とりわけ、差し迫った課題としては、インパクト評価、公共政策への影響力行使、起業家精神を持ったリーダーの育成、資金調達と組織の拡大、ソーシャル・イノベーションの普及に向けたよりよい方法の発見などがあります。大きな企業や組織でどう発想や行動の変革を推し進めるか、つまり、どう社内起業を活発化させるかという課題も、これまでより綿密に検討する必要があるでしょう。

●「大学の強み」と課題

大学は新しい分野やキャリアに箔をつける役割を果たします。人生の大切な岐路に立つ学生たちにさまざまな進路を示します。特定の分野に偏っていませんから、ひとつの分野だけを活躍の場とする実業家と比べて、長期的な広い視野を学生に提供できます。大学はまた、学生や教員による社会起業を、インキュベーターとして後押しするのに適した立場にあります。社会的実験の成果をより厳密に評価するために、ソーシャル・イノベーション研究所を設けてもよいでしょう。その一例がＭＩＴの「貧困アクションラボ」です（より多くの社内起業家を惹きつけるには、大学は「論文を書くか、去るか」という従来の姿勢とは異なるキャリアパスを用意する必要もあるでしょう）。

社会起業の分野でどういった問題解決パターンや気づきが生まれているかを知るには、一歩離れて眺めることが欠かせません。こうした知識を集め、分類や分析を行い、人々が活用できるよう普及させるには、大学が中心となる必要があります。大学で学ぶ機会に恵まれた人は、世界人口のわずか二％にすぎません。大切なアイデアを広く普及させるには、これら恵まれた人々が残り九八％と情報を共有することが必須でしょう。多くの学者が、学術研究は社会の優先課題に沿っていないと感じていますが、社会起業の研究を行えば、世界の重要なニーズに対応する新しい機会が得られるのです。

ポール・ライトは『社会起業の探求』（未邦訳）の執筆準備として、高い成果をあげる一三一の社会的組織を調査して、「成功の鍵は、設立者の人柄よりも、リーダーシップや起業スキルをどれだけ適切に活かすかだ」という結果を引き出しました。

彼の調査によれば、**大学はもっと、イノベーターにふさわしい発想や行動を学生によく身につけさせることができる**はずです。〈スターティング・ブロック〉、〈トランスフォーマティブ・アクション・インスティテュート〉、最近になって設立された〈アンリーズナブル・インスティテュート〉などの団体は、若手プロフェッショナルや優秀な学生の持つ前記のようなニーズに応えています。大学はその手法を模倣して、より幅広くカリキュラムに組み込むべきでしょう。

●大学に期待すること

社会起業家をもっと体系的に育てるには、**大学はイノベーション基金などを設けて学生による変革を奨励し、有力な社会組織とのコラボレーションを促す**とよいでしょう。周囲の環境を、社会問題の実験室として使うのも一案です。ちょうど、連邦政府から土地の無償払い下げを受けた大学が周辺住民の協力を得ながら、研究成果を地元の農民、エンジニア、家族、企業などのニーズへの対処に応用するのと同じように。あるいは、学生たちがアイデアを実行し、指導を受け、意見をもらい、実践をとおして学べるようなコースを設けてもよいでしょう。研修医が病院で実地訓練を受けるのと似た仕組みです。

カリキュラムづくりにも、学生を積極的に参加させるべきです。最近では多くの学生が、都市計画、ビジネス、デザインなどのコースで環境や社会の問題を扱ってほしいと主張しています。社会問題に強い関心を持つMBA課程の在籍者や卒業生一万人以上が集まる〈ネット・インパクト〉という団体は、大学のビジネススクールにこうした変革を求めています。一部の大学はこの要望を受け入れています。ですが、たいていはサステナブル・ビジネスやサステナブル・デザインの選択コースを設けるだけにとどまり、財務やマーケティングなど必修コースの内容を改めるまでには至っていません。

このような対応はふつう、学生の要望や学内の強い声を受けて行われています。大きな変革を進めるには、サステナビリティをすべての科目に取り入れたベインブリッジ大学院やプレシディオ大学院などの手法を取り入れてはどうでしょう。

社会起業の教訓をひとつ示しましょう。**組織の性質はリーダーの人格によって決まる**ということです。社会起業家の支援組織は、誰を支援するかを検討するにあたって、ほんとうに誠実かどうか、心から信頼できるかどうかを重視します。こうした人材がつくる組織は、社会に利益をもたらすだけでなく、支援者を惹きつけつづける可能性が高いからです。

従ってこれを踏まえて、社会起業プログラムを持つ大学は、社会性や感情といったテーマを組み込む場合が多いです。自分のモチベーションについてじっくり考え、不安や恐怖に対処し、逆境への強さを見つけ出せるよう、学生を助けようというわけです。併せて、学生どうしの連帯感を育て、支援体制を整えています。

大学は世界でも最も古くからつづく組織のひとつです。変革の足取りはゆるやかですし、まず自発的に変わろうとはしません。運営に巨額のお金がかかるため、卒業生に対しては高収入の得られる分野で成功して母校に気前よく寄付することを期待します。ですから、社会変革のリーダー育成を重視するよう**大学を説得するためには、学生が中心になって真剣に努力する必要がある**でしょう。

eBayの創業メンバーである、ジェフ・スコールが始めたスコール財団と大学との連携はよく知られている。
　オックスフォード大学のスコールセンター（Skoll Center）は、もっとも有名なソーシャル・イノベーションの研究拠点で、年に一度、「スコール・ワールド・フォーラム」というコンファレンスを開催している。ゲストには、ムハマド・ユヌスや元アメリカ副大統領のアル・ゴアら豪華なメンバーも集まる。
　米国スタンフォード大学近郊にはスコール財団の本拠地もあり、スタンフォード大学とのさまざまな連携を行っている。今後、ビジネスのイノベーションと、政府、そして社会分野のイノベーションは、大学を通じてさらに重なってくるだろう。

　大学の果たしうる役割は非常に大きい。本文に取り上げられているような、新たなカリキュラム開発や研究に加え、地域との連携は、非常に重要だ。大学のように、地域の事業の力、行政の持っているリソースを、連携させる役割を果たせる存在は、そうは見当たらない。

　日本でも首都圏や関西の大学をはじめ、いくつものプログラムが登場し始めており、有力な社会起業支援団体との連携や、地域でのハブ（Hub）となる動きも始まっている。
　冒頭で述べたように、大学自らが、社会の変化を見据え大きく考え、リーダーシップを発揮すること、それが若者たちのリーダーシップにも大きく影響するだろう。大学にこそ、社会のイノベーションを先導する役割と責任がある。

まとめ

大学は挑戦を生み出す中心、
社会イノベーションの生まれる「産地」となる。

Point
by
井上英之

③ 大学とできること

大学は社会起業を牽引する役割を！

確かに、この10年のあいだに世界中の大学で、社会起業の授業が増えてきている。特に世界のトップスクールほど社会起業やソーシャル・イノベーションに熱心だ。

それは、その社会や地域の中心にある大学ほど、学生や教員、そして卒業生たちが、自分たちの生きる社会に大きな関心を持つからだ。専門分野を超えた、自分たちの社会の展望やビジョンを考えるのが自然な流れだ。結果として、ビジネス、NPO、政府といった枠組みを超えた横断的な取り組みや対話を必要とする。

世界中の経営者、政治家、メディア関係者らが集う「世界経済フォーラム」(通称:ダボス会議) での議論をみてみよう。

ダボス会議のような場で、各企業のCEOたちは何を語るのか。自社の利益や戦術ばかりではなく、責任ある企業として、どんな社会へのビジョンを持ち、どう世の中の変化に貢献していくのか。それが語れないと、発言権はないといっていい。敬意も集まらない。なぜなら、人類や社会への寄与こそ、多くの人にとって分野を超えて訴求する「意味」であり関心事である。そのリーダーのあり方や哲学が、現実に問われている。

今、社会のイノベーションのためなら、驚くほど素晴らしい各分野の人たちが集まる。たとえば、先日、バンコクで開催した、アジアの社会起業フォーラムでも、印象的なシーンにいくつも出合った。タイの若いアショカフェローが主催したこのフォーラムだが、タイの首相もコミットし、多くのアジアの投資家らも集い、日本も含めた各国の社会起業家たちと対話をした。

欧米では、イノベーションを生み出す「場」づくりを、大学が果たしている。

④ 政府とできること

●まず、尊敬し信頼し合う

社会起業家は、本来の仕事のほか、政治力や人材など、あらゆる面で政府に大きく貢献することができます。活動の自由が認められている国の大多数において、社会起業家は実経験をもとに新しいアイデア、問題解決力、組織を築いて運営していく力などを活かして、政府のパフォーマンス向上を実現できます。現実に、**政府がなかなか結果を出せずにいた分野において、改善の実績をあげてきました。**

政府のリーダーと社会起業家とでは、直面する難題も、ニーズも、大きく異なっています。ですから、一緒に仕事をするには苦労がつきものです。選挙によって選ばれた政治家は、権力を維持するために、どちらかというと短い期間で結果を出す必要に迫られています。成果をあげることによって得るものよりも、失敗した場合に失うもののほうが大きいのです。

政治家がしきりに心配するのは、成果不足よりもむしろ、不祥事や失敗を起こして政敵から攻撃されることです。ですから、政府は非常に大きな説明責任を突きつけられており、多くの場合、説明責任をどう果たすかを柱にして政策を立てます。ピラミッド型の組織や縄張りを重んじるのも政府の特徴です。また委員会を設けて、合意を取りつけながら仕事を進めていきます。

これに対して社会起業家は、日々の政治的な圧力を必死に乗り切ろうとし、長期的視点から問題を解決しようとします。彼らは、がんじがらめにされることをよしとしません。既得権益に挑むアイデアを追求する自由や、試行錯誤が許される環境を求めるのです。独自に仕事を進め、もし慣習や組織間の壁などが仕事の妨げになるのなら、そのようなものは無視しようとします。

これらふたつの分野のあいだには尊敬や信頼が不足していました。社会起業家は政治家や公務員を、自分たちの判断がどんな影響を持つかに無関心な「官僚」と見なす傾向がありました。政治家は、社会起業家は大規模なシステムを動かしていく難しさを理解していない、と不満を述べてきました。政府高官の多くは、社会起業とありふれた非営利組織とを区別せず、社会起業家の側では政府機関や自治体による創意工夫を十分に尊重してきませんでした。

このようなギクシャクした関係が、必要なはずのコラボレーションを妨げてきました。

二〇〇五年にブラジルで社会起業の国際カンファレンスが開催され、そこでは、参加者の八〇%が「インパクトを高めるには、政府とよりよく連携する必要がある」と回答しています。ところが、**実際に政府と連携する計画をしているという回答は、わずか二〇%**でした。

●積極的なオバマ政権

アメリカの状況はどうでしょうか。八〇人以上の社会起業家が結集する〈アメリカ・フォワード〉という団体があります。〈ニュープロフィット〉が先頭に立ち、〈センター・フォー・アメリカン・プログレス〉と連携して立ち上げたこの団体は、一連の政策を提言しました。これを受けてオバマ政権のもとホワイトハウスに「社会イノベーション・市民参加局（Office of Social Innovation and Civic Participation）」が設けられました。この機関の狙いはイノベーション・ファンド（Social Innovation Fund）を運用することで、議会から初期資金として五〇〇〇万ドルの予算を獲得しました。

社会イノベーション・市民参加局は、

①高い成果をあげている社会起業を見つけて**スケールアウト**《インパクトの拡大》する

NOTE by 井上英之

スケールアップ、スケールアウトとは何か？

元々はＩＴ用語。ひとつのサーバーの機能や性能を強化する「スケールアップ」に対し、「スケールアウト」は、サーバーの数を増やしつなぐことで、全体のパフォーマンスを向上させる。社会起業分野では下記のような意味合いとなる

スケールアップ

“組織そのもの”の拡大を重視する考え方。自前で組織を構築し、質を保ちながらサービスを拡大・展開する。本拠地での規模拡大や、他地域で直営に近い支店を増やすことで活動のスケールを確保、展開する

スケールアウト

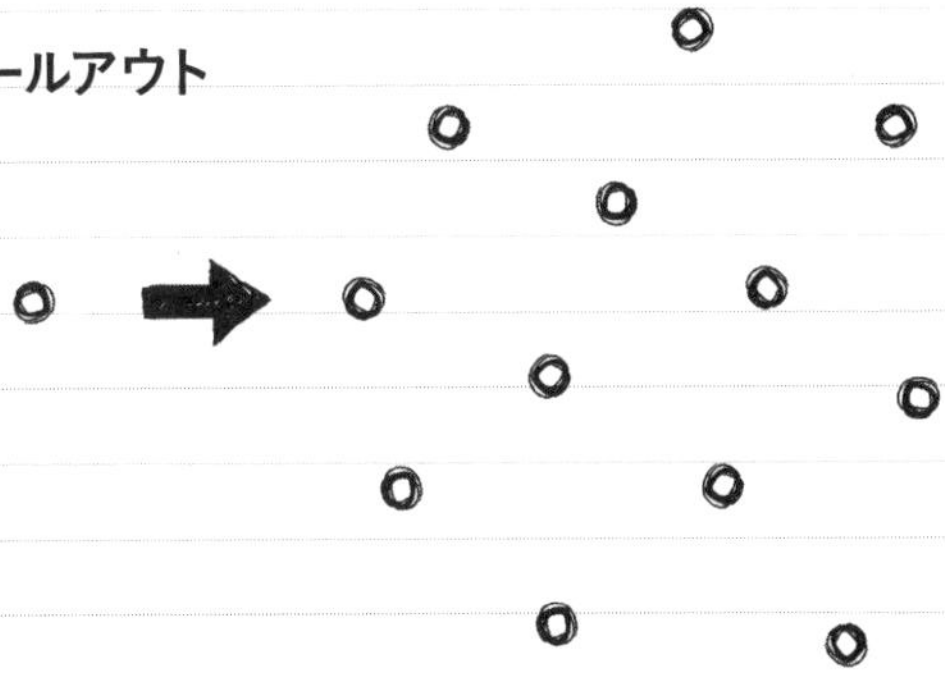

そのプログラムやプロジェクトの「イノベーション」を他地域へ展開しようとする考え方。プログラムのエッセンスのみや、方法論、考え方などを他の地域のリーダーなどに共有、現地適合しながら早めに効果的な展開をめざすことが多い。自前の組織で展開するかどうかは、選択肢のひとつ

②企業や慈善団体との提携関係を築く
③国家レベルの公共サービスの活動を後押しする

といった任務を帯びています。イノベーション・ファンドは、民間投資を活かして「役に立つアイデア」を拡大していくことを狙いとしています。オバマ政権はこのほかにも経済再建法《リカバリー・アウト》のもと、教育省の「ホワット・ワークス《お役立ち》&イノベーション・ファンド」に六五○○万ドルを割り当てました。インパクトを生んだ実績のある学校や地域活動に割り当てる予定です。政権内の〝社内起業家〟たちは、これらを第一歩として、外部のソーシャル・イノベーターのパワーを政府全体の成果向上にどう活かせるかを示そう、と意気込んでいます。そうすることで、政治家や政府関係者のあいだで、社会起業家や社会セクターの可能性への関心を高めたい、とも考えています。

●運営は社会セクターに

社会起業は、発明を行ったり、解決策を広めたりする主な原動力になりつつあり、社会における問題解決のあり方は根本から変わっています。これまではトップダウン型で、管理志向のやり方から、これからは、**分散型でニーズ対応志向のやり方へとシフトしていっ**

ているのです。

これは、「アイデアや構想が活発に交わされることが経済発展の土台だ」という二〇世紀の重要な知見にもとづいています。ふつうの状況では、政府はこれを心得ています。経済を活性化させたい時は、事業を奨励する方法を探します。消費者ニーズを満たすためにみずから会社を持つようなことはしません。

しかし、皮肉にも、教育や医療のほか、社会的な機能に関しては、えてしてこれと逆のことが起きます。社会セクターでは、政府は資金提供や監督を行うだけでなく、サービス提供機関の運営にも積極的にかかわるのです。このような公的機関は、誰にでも公平にサービスを提供するよう設けられており、これはいまでも大切な要件とされています。ですが、**企業経営に適さない政府組織が、社会のニーズに対応するための組織を運営しても高い成果につながらないのは当然です。**多くの分野では、むしろ社会起業が運営する方が素晴らしい実績をあげています。

成果の乏しい政府プログラムを廃止するだけでは突破口は開けません。むしろ、政府の資源配分方針を改めるべきでしょう。政府は、問題に取り組むために独自の組織を築くよりも、普通のビジネス起業家や企業に対してと同じように、社会起業家や社会セクターの可能性を伸ばして活かすべきです。

過去に政府は、社会セクターの有望なイノベーションに目を留めると、自分たちがそれら組織に取って代わり、政府内でそのアイデアを広めようとしました。「**パイロット《試行して》・アンド《から》・スケール《拡大する》**」と呼ばれるこのやり方は、理屈のうえではうまくいくはずでした。たとえば、「子どもたちに豊かな暮らしを」という課題への対処法をどこかの団体が示したとしましょう。政府はこのアイデアを厳しく吟味して、その結果「有望だ」となったら、アイデアを舵取りして自分たちでスケールアウトを目指すのです。

しかし、このやり方で高い成果があがった例はほとんどありません。理由は簡単です。アイデアをスケールアウトするには、試行するのと同じだけの起業家精神が求められるのです。アイデアを実現するとは、そのアイデアを成長させるということです。事業の生存率についてのデータからは、成長段階は初期段階に劣らずリスクが高いことを示しています。

スケールアウトには学習と軌道修正をたゆみなく行っていく必要があり、これには、現在の政府よりも遥かに軽いフットワークが欠かせません。政策を決める人々は、成功した社会的組織を模倣するのは、高収益の事業を模倣するのと同じくらい大変だということを理解すべきでしょう。

NOTE by 井上英之

政府による社会起業の支援は、「植物を育てるように」が大事！

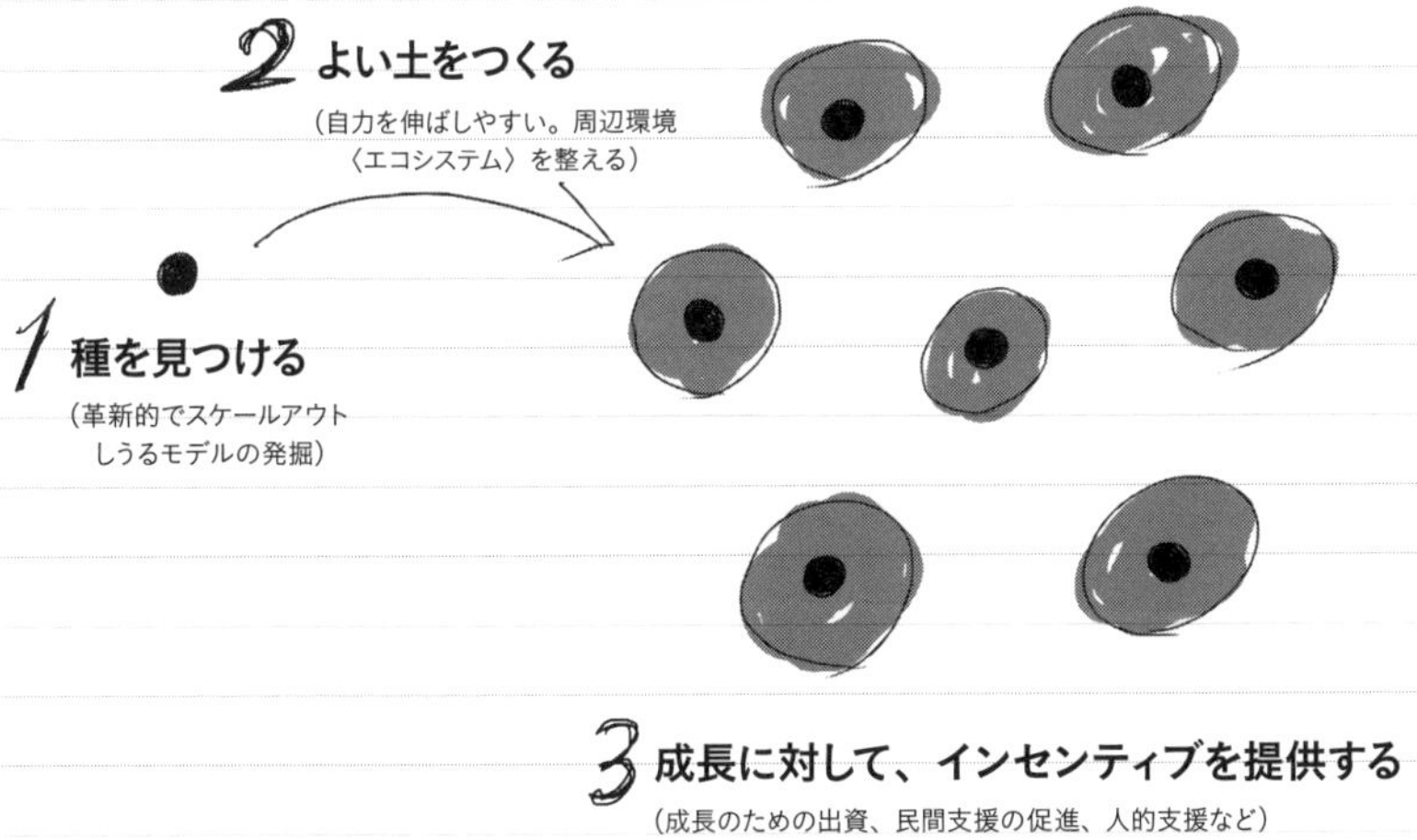
2 よい土をつくる
（自力を伸ばしやすい。周辺環境〈エコシステム〉を整える）
1 種を見つける
（革新的でスケールアウトしうるモデルの発掘）
3 成長に対して、インセンティブを提供する
（成長のための出資、民間支援の促進、人的支援など）

政府は、自ら組織を運営し全国サービスを提供するよりも、優れた社会起業の成長やスケールアウトに加担する役割を

●社会起業は植物と同じ

ソーシャル・イノベーションに取り組む人々ともっとうまくかかわるために、**政府がすべきなのは、結果を出し、成長の可能性を示した社会起業家を探すシステムを構築すること**です。そして、アイデアを広めて組織をスケールアウトできるよう、彼らを後押しするのです。その際には、建築家や大工ではなく園芸家のような発想を心がけるべきです。

園芸家は、植物を成長させる力が自分にはないと心得ています。何かできるとすれば、よい種子や土を見つけ出して、肥料を与え、暑さ寒さなどから保護し、注意深く見守るのが精一杯でしょう。植物は自力で伸びていきます。生きものに「健康に育つように」と命令することは誰にもできません。

手ごわい社会問題に挑む組織も、生きものにとてもよく似ています。成長するかどうかは、あらかじめわかるわけではありません。政府がソーシャル・イノベーションの担い手を育成するには、新しい仕組みが必要です。この課題についてはオバマ政権が現在、前述のイノベーション・ファンドを使って探求しています。

政府はこれまで、安い料金でプログラムやサービスを提供する企業を採用してきましたが、それをやめて、高い成果をあげている組織（民間・社会的企業問わず）に投資をして、さまざまな形態の支援を提供する必要があるでしょう。こうした変革の一部は、国際開発の分野ですでに進んでいます。その背景には、政府の援助プロジェクトの成果がパッとしない一方、社会起業家が目覚ましい実績をあげている現状があります。

過去、対外援助はほぼ一〇〇％が政府を介していました。ですが最近では、社会セクターにじかに寄付が行われる例が増えています。このトレンドを加速させるうえではマイクロファイナンスが大きな役割を果たしました。他の社会起業家もこれにつづこうと準備を整えています。この変革を実現するために、政府は解決策を実践する他の組織とのあいだで互いを尊重した関係を築くことを重んじるべきでしょう。

それら組織を助けるには、すでに完成した解決策に対価を支払うやり方をやめて、**出資のようなかたちであらかじめ資金援助をするのが望ましい**といえます。この場合、スケールアウトの助けになるだけの十分な金額を、成果に連動するかたちで提供するとよいでしょう。政府は、援助対象組織の管理に直接干渉せずに長期にわたる大切な投資を監督できるよう、方法を見つけなくてはいけません。そのうえ、この新しいやり方がなぜ望ましいのかをメディアにうまく伝える術を身につける必要があります。なぜなら、すべてが成功するとはかぎらないからです。

●その他、政府ができること

政府がすべきことは以上にとどまりません。いまのインセンティブ制度や規制のうち、社会起業と社会的企業の両方の手かせ足かせになっているものを改善しなくてはならないでしょう。具体的には左記の案を実施するのが望ましいと考えられます。

これらの案の多くは、すでに連邦政府や州政府、自治体で検討されています。『社会起業の振興に向けて：議会と政府への提言』では、社会起業家と政府が協力して政策目標を達成した事例を数多く紹介しています。

政府との連携のひとつに、高齢者向け交通サービスを提供する〈ＩＴＮアメリカ〉という非営利組織があります。この組織は、資金調達や政策面の支援など、あらゆる後押しを政府から受けて、いくつもの都市にサービスを展開しています。インディアナポリスでは、教育分野に関心を持つ社会起業家にインディアナポリスで活動してもらおうと、〈マインドトラスト〉という組織を設立しました。

ぜひ知っておいていただきたい点があります。政府は、解決策を実行する手腕はピカイチとはいかないかもしれませんが、解決策の提供にはいまも責任を負っているということ

資金提供以外に、政府ができること

- 社会的目標を掲げた組織を開設、廃止する手続きを簡略化する
- お金やモノを寄付した人のために、税金面の優遇を受けやすくする（多くの社会では、個人や企業が慈善寄付をしても税金についての優遇措置は受けられません）
- アメリコープやエクスペリエンス・コープのような既存プログラムを活用して、全国規模のサービスを提供、より多くの市民を問題解決に巻き込む
- 社会起業家、政治家、フィランソロピスト、ビジネスパーソン、研究者、ジャーナリストなどを集めてコンファレンスを開き、新しい解決手法を見いだし、困難に対処しながら、成功に導いていく
- セクター間の垣根を越えた研究奨励制度を設け、社会起業家を政府に招いたり、政策立案スタッフを社会組織に派遣したりする（議会のスタッフや各種委員、選挙運動の責任者などは、解決策の細かい点よりも政治の世界の駆け引きに詳しく、他方、社会起業家は問題にどう対処すべきかは心得ていても政治上の取引には慣れていないからである）
- 高いパフォーマンスを見せる団体に投資するための、イノベーション・ファンドをすべての政府機関内に設ける
- フィランソロピストやインパクト投資家らと連携して、社会起業向けの資金調達市場（Social Capital Market）を設ける
- 最近新設された「低収益有限責任会社（通称L3C）」や他の社会的企業向けの税制を改めて、投資家にとっての魅力を高める

です。親は、ワクチン接種を自分でするわけではないですが、子どもの健康には責任を負います。社会起業家は政府の代わりでもなければ、選挙で選ばれた政治家の義務を肩代わりするわけでもありません。**政府と社会起業家は互いを必要とします。**社会起業家は誰からも選ばれるわけではありませんから、疑いの目を向けられかねません。社会全体の意思を表すのは政府だけです。全国規模で問題に対処して、**お金のない人を含めて全員を平等に助ける力を持つのは、政府だけ**なのです。

社会起業家と政府による連携のお手本があります。ギフォード・ピンチョットの果たした役割がこれにあたります。ピンチョットは、環境保護の分野でアメリカを代表する社会起業家であるばかりか、農務省森林局の初代局長でもありました。彼は一九〇〇年代初め、公有地を連邦政府の所有・管理下におく政策の推進に尽力しました。彼の構想をもとに国有林、そして後には国立公園が生まれたのです。

郵便・小包の配送事業に目を向けると政府の強みと弱みが見えてきます。サービスに関してはフェデラル・エクスプレスに軍配があがるかもしれませんが、全米どこへでも五〇セント以下で郵便を届けてくれるのは郵政公社だけです。

社会起業の広がりはさまざまな影響をもたらしますが、なかでも特に重要なのは、政府の役割を明確にすることです。社会起業家が活躍すると、政府は通常業務のうち得意でないものから解放され、得意分野に注力できるからです。つまり、優先順位を決めたり、公正を図ったりするほか、社会の創造性を十分に解き放って公共サービスに活かせるように、インセンティブや監督の枠組みを設けるのです。ジェームズ・マディソンが書いているように、政府の目的は「人々を幸せにすること」なのです。ただし、**優れた政府は、「目的を果たすのに最も適した手段が何か」を知っておく必要もある**のです。

ロジェクト案を市民から募集し、実行のために市民自らが提供する労働・資金・資材に、それに見合う資金を市側も交付する、という仕組みだ。この約20年で、シアトル市内のあちこちで、自発的な進化が生まれている。

もうひとつは、民間ですでに生まれている“変化の火種”の成長に、政府が加担することだ。たとえば、オバマ政権が取り組んでいる「Social Innovation Fund」（p48）などである。これは、各地で始まった、市レベルで実績のある、NPOや社会起業のプログラムの「スケールアウト」（他地域展開）を、効果的に政府が支援する、というものだ。

このとき、政府は、自ら新たな公共サービスを提供しようとせずに、すでに地域で実績のある、よいモデルの自律的な展開を支援する。ここでキーになってくるのは、各地域にある、優れた地域の中間支援団体を選定すること。また、これらの支援団体に、政府からの資金援助を呼び水に、民間からも資金を集めること、つまりマッチングファンドとしての役割を義務づけることだ。

こうしたファンドに加えて、米国政府のプログラム「アメリコープ」(AmeriCorp)の存在も見逃せない。どこのNPOも他地域に展開するには、経営資源、特に人材が足りない。そこに、アメリコープから派遣される、熱意あふれる学生たちが、約1年間政府に生活費を支えられ、“ギャップイヤー”を利用し、NPOで働くプログラムを活用する。すでに特定の地域で実績あるNPOが、他地域で活動を始める際、現地のアメリコープの学生の働きや、彼らの地域での知見やネットワークを得て、よりスムーズに展開する一助となっている。

“担い手”となる人たちの起業家精神を引き出しながら、どうやって新たな政府と市民の関係性を築けるか。まだ世界中で試行錯誤の最中だが、社会のイノベーションにとって、まさに要となる部分となる。

まとめ　政府は、社会を変えていく“担い手”の起業家精神や創意工夫を支えていこう。

Point
by
井上英之

④ 政府とできること

政府は、“自発的に動きだす”担い手を探している

みなさんもご存知の通り、世界中の政府は行き詰まっている。複雑化した世の中や社会の問題に対応しきれず、コストや実務が圧し掛かってくる。政府こそ、「助けてほしい」のが本音だろう。

だから、いま「新しい担い手」を、市民や民間セクターに求め始めている。米国のオバマ政権はそれを「Office of Social Innovation and Civic Participation」(p48)に求め、英国のキャメロン政権は、これを「Big Society」構想と呼び、政府の役割を新しく定義し直そうと躍起である。日本でも、民主党政府は「新しい公共」として打ち出した。だが、悩ましいのは、政府が、担い手、つまり“自発的に動きだす人”をどうやって増やすのかということだ。

「自分たちで動くように」＋「支援する」、というのは、“何かを買ってあげてしまう”より、“子どもにやる気を出してもらう”ほうがずっとむつかしいのと似ている。支援する、という行為はどうしても、依存関係をつくりやすく、自発性を損なってしまうことが多いからだ。では、何が必要なのか。そのヒントを紹介しよう。

ひとつは、「レベル0」の場づくりだ。既述の通り、挑戦には「それでいいんだよ」と背中を押す「場」や機会が必要だ。事業プランができてから、起業してからの「レベル1」以降の支援も意味はあるが、多くの場合、そもそも挑戦の数が足りない。実は素晴らしいアイデアも志も、個人の中にたくさん埋もれている。

この「レベル0」のアイデアや人を育てる機会を生む仕組みづくりをしようと、世界中で試みが始まっている。欧州では自治体を中心に、地域の対話の機会を生み出す「フューチャーセンター（Future Center)」が企業や市民を巻き込み始めた。他にも、オランダから始まった、社会起業を多く輩出する共同オフィス「Hub（ハブ)」が世界各地に展開を始め、東京でも生まれようとしている。

米国シアトル市の「ネイバーフット・マッチングファンド（Neighborhood Matching Fund)」もユニークだ。公園などの公共スペースをよくする大小のプ

⑤企業とできること

●企業にとってのメリット

この四半世紀、社会起業が目覚ましく広がりましたが、この動きはビジネスの世界とは一線を画していました。ですが今日では、社会起業とビジネス、両分野のリーダーは、イデオロギーへのこだわりを捨ててチャンスに目を留めはじめています。「社会に尽くすために両分野の方法を変革する」というチャンスです。社会起業家は、偉大なる企業だけが持つ経営・財務力を高く評価していますし、ビジネス起業家は、優れた社会組織の創意工夫、インパクトの大きさに敬意を払う傾向を強めています。

ビジネス起業家は、**社会起業が新しい利益機会をもたらすことにも気づいています。**発展途上国でも先進国でも、既存の企業が軽視する巨大市場に参入するには、社会起業家が最も有利な立場にあることがわかってきています。

イノベーションは、バイオとコンピュータ科学など、複数の分野が交差する領域で起きますが、これと同じように、これからは、**社会セクターとビジネスセクターの交差する領**

域でかなりのイノベーションが起きるでしょう。社会起業家がどうチャンスを見つけ、製品を開発し、顧客に満足を届け、部下のやる気を引き出し、製品やサービスを流通させ、既存知識のない状況で価格を決めているのかを理解しておくと、企業の人々にとって役に立つはずです。

社会起業という分野に注意を払わずにいると、企業は新たなリスクを抱え込むでしょう。愛されるブランドであり続けるうえでは、企業市民としての行動――従業員や納入業者にどう接するか、環境保護にどう取り組むか、製品は社会の繁栄にどう寄与するかなど――が重要になってきています。

有能な人材のあいだでは、「社会貢献の実績が思わしくない企業では働きたくない」という気運が広がっていますし、一部の投資家は社会問題への対応状況を考慮して企業の価値を評価しています。モノ言う株主や社会貢献度の格付機関はいまや、何百万人もの株主とコミュニケーションを取ることができます。一方、社会や環境を保護するためにより厳しい措置が導入される可能性が高いですから、規制環境も変わっていくでしょう。

これらの変化は世界のあちらこちらで起きています。発展途上国においてさえ、長いあいだ社会問題を無視してきた企業も、何百万もの貧しい人々が目をつぶってくれる状況にいつまでもあぐらをかいているわけにはいかないでしょう。

このような変化が起きているうえ、**「社会問題に対応しよう」と意欲を燃やす起業家が増えていることから、企業と社会的企業の違いが時とともに小さくなっていき、やがては区別がつかなくなるかもしれません。**

●利益追求以外を目的にする

顧客、従業員、投資家の要望が変化しているため、「利益さえ上がればいい」という企業は実際的ではなくなり、収益や満足度も低下していきます。とはいえ多くの企業が今後も、社会や環境に無害な事業手法をつづけるでしょう。ですが、革新性の高い企業は、これまで四半世紀にわたって技術の変化に対応してきたのと同じように、今後も新しい市場の萌芽に着目するはずです。こうしたチャンスに目を留めてそれを活かすには、社会起業の動向に詳しい人のほうが、そうでない人よりも有利な立場にあるといえるでしょう。

長いあいだ、「社会や倫理の問題を解決しよう」という思いに突き動かされた人たちは、実現の手立てとしてビジネスに目を向けてきませんでした。

「世界を変えたい」という思いを抱いた場合、教員、医師、牧師のような職業に就くか、ジャーナリズム、科学、法律といった分野に進みました。あるいは、ジョン・D・ロックフェラーやアンドリュー・カーネギーのように、徹底的に金儲けを追求した後、寄付や慈善に巨額を投じて公共の精神を示した例もあります。

世界の各地で社会的企業が誕生しており、これが、**「ビジネスをするのは、もっぱら金を稼ぐため」**という考え方を揺るがしています。ムハマド・ユヌスは『貧困のない世界を創る』（早川書房）において、利益を追求するという「一面」だけに着目した単純な人間像を前提としているせいで、経済学は資本主義を「狭く」解釈して「人間の本質をつかみそこなった」と述べています。こうして人々は、利益追求以外の目的にビジネスを利用するという発想から遠ざけられてしまいました。

ですが、今日では多くの人が、社会的企業をあらゆる目的や志を果たす手段と見ています。社会的企業はあらゆる方面で目覚ましく躍進していますから、その姿を的確に伝えるにはおびただしい数の本が必要なほどです。社会的企業という新しい手法がなくてはならないものであることは、火を見るより明らかです。

市場は、経済活動を調整するための素晴らしい手段ではありますが、貧しい人の基本的なニーズを満たすには力不足です。たとえばアメリカでは、低所得者向けの医療保険、効果的な教育やデイケア（幼児、高齢者などの世話をするサービス）、それどころか新鮮な果物や野菜さえも提供できずにいます。最近では、これらを手ごろな料金や価格で提供するために市場《いちば》を設ける役割を、社会起業家が果たしています。

アメリカでは、銀行から相手にしてもらえない何百万もの人々が、強欲な金貸し、中古車ディーラー、小切手を現金化する業者などに何かにつけて食いものにされています。このような人々に融資ほかの金融サービスを良心的に提供する仕組みを築こうとしているのも社会起業家です。このほか、環境という重要分野でも「クリーン技術《テック》」企業が、環境への負担を和らげるために多種多様な製品を開発しています。

●BOPの可能性は無限大

発展途上国では、十分なサービスを受けられずにいる四億人のBOP（経済ピラミッドの底辺に位置する貧困層）を対象に製品やサービスを提供する営利・非営利の無数の組織が増えています。

このBOPという言葉は、経営学者のC・K・プラハラードが話題作『ネクスト・マーケット』（英治出版）で用い、その後、広く使われるようになりました。

マイクロファイナンスの事例からもわかるように、市場へのアクセスが可能になっても、それだけで貧困を緩和できるわけではありません。貧しい人々が何より切実に必要と

社会起業家の各国での取り組み

近年では、数々の必需品を提供するために社会起業家が立ち上がっている。

- 太陽光発電、省エネ型レンジなどの分野にも進出
- メガネ、補聴器、蚊帳といった健康分野の器具の販売
- 主に農村地区では、支払い能力に応じた料金で白内障の手術の実施や、手足の不自由な人向けに人工装具を提供
- 一般の製薬会社が見向きもしない、発展途上国に多い病気の治療薬を開発するために、低収益を承知で製薬会社を設置
- 貧しい人々の生計を助けるために、足踏み式の給水ポンプや土質試験キットを提供
- 養蜂を手軽に始める方法を紹介
- 携帯電話を介した銀行の口座残高照会や送金、農業データの提供サービスの展開
- 通訳、農村の工芸職人、コーヒー・紅茶・生花・ココアの栽培者の市場開拓
- スラム街や農村向けのインターネット・キオスク、遠隔学習プログラム、移動式のセルフ・コインランドリー、救急車派遣サービス
- 小規模なフランチャイズ事業を立ち上げられるよう、農民を後押しするサービス
- 貧しい人たちを病気、穀物の不作、自然災害などから守るために、マイクロ保険を提供

するのは、ヘア・コンディショナーや美容液ではなく、**きれいな飲料水、手ごろな値段の栄養価の高い食事、粗悪でない住まい、医療、教育、交通手段、情報を手に入れることによって経済的なチャンスをつかむ**ことなのです。

これら社会的企業の多くは初期段階にあり、いまなお現実的なビジネスモデルを模索しています。インドの〈アラビンド・アイ・ケア・システム〉のように、何百万件もの白内障手術を行って利益を確保している例もあります。貧しい患者にはタダ同然で施術をして、懐の暖かい患者からは同じ手術でも高めの料金を徴収するといった、相手の支払い能力に応じた料金設定をしているのです。

しかし、これらの社会的企業は全体として、市場による助けがありません。特に、旧来企業とは違い、市場から資金を調達することができないからです。前にも述べましたが、社会起業を増進させるためには、**次の段階としてこれらの支援体制を整えることがきわめて重要**でしょう。

こうした流れを追うには、社会的企業の発展状況を追った優れたウェブサイト「ネクストビリオン」や雑誌『ビヨンド・プロフィット』を参考にするといいでしょう。

●BOPでの実例

社会起業家は、企業と提携して、多くの貧しい人々へと活動の対象を広げることによって、事業のあり方を変革しています。買い手あるいは売り手としてBOPとの取引を望む企業には、ふたつの選択肢があります。ひとつめは、事前に新しい流通チャネルを設けるのか。ふたつめは、先行者である社会起業家と手を携えるのか、という選択肢です。

すでに多くの企業が後者の道を歩みはじめています。ムハマド・ユヌスは**フランスの食品会社ダノンと提携して〈グラミンダノン〉を設立**しました。これは、バングラデシュの農民、とりわけ子どもたちのために、安価なカルシウム強化ヨーグルトを売ることを目的としたソーシャル・ビジネスです。

〈グラミン銀行〉の狙いは、微量栄養素（ビタミン、ミネラル）の欠乏による切迫した健康問題に対処することです。ダノンにとっては、よき企業市民というイメージを打ち出し、従業員にやりがいのあるプロジェクトを提供し、巨大な新市場に参入するチャンスでもあります。

〈アショカ〉は、「フル・エコノミック・シチズンシップ・プログラム」のもとで「ハイブリッド・バリューチェーン」という新たな取り組みを打ち出しました。企業や社会起業家を支援して、見過ごされがちな地域に製品やサービスを提供するための提携関係を着想し、プロジェクトを構築して、資金調達まで可能にしようというものです。

一例を挙げましょう。アショカ・フェローの社会起業家が**メキシコの大手セメント会社セメックスと手を組んで**、安価な建材をスラム街の住人にクレジットで販売しています。セメックスは未知の市場に参入でき、社会起業家は新たな収入源を確保し、顧客は住環境を改善できるわけです。

具体例をもうひとつ紹介しましょう。スターバックスとグリーン・マウンテン・コーヒー・ロースターズは、**非営利の社会投資ファンドの〈ルートキャピタル〉とコラボレーションし**、発展途上国の農村協同組合からコーヒー豆を仕入れています。〈ルートキャピタル〉は、栽培者が流通企業の要求する品質を満たせるように、コーヒー豆洗浄機を提供しているのです。この会社は、資金提供、研修、市場参入の仲介をとおして、厳しい自然環境下にある世界中の貧しい地域が永続的な生計手段を得られるよう、支援しています。

これら提携関係の本質は、相互補完にあります。企業は、新製品を開発して大々的に売り出すだけの資金力と生産力を備えています。社会起業家は市場をよく知り、地域に根づいた流通チャネルを持ち、顧客の信頼を得ています。

企業は社会起業を無視できなくなっている

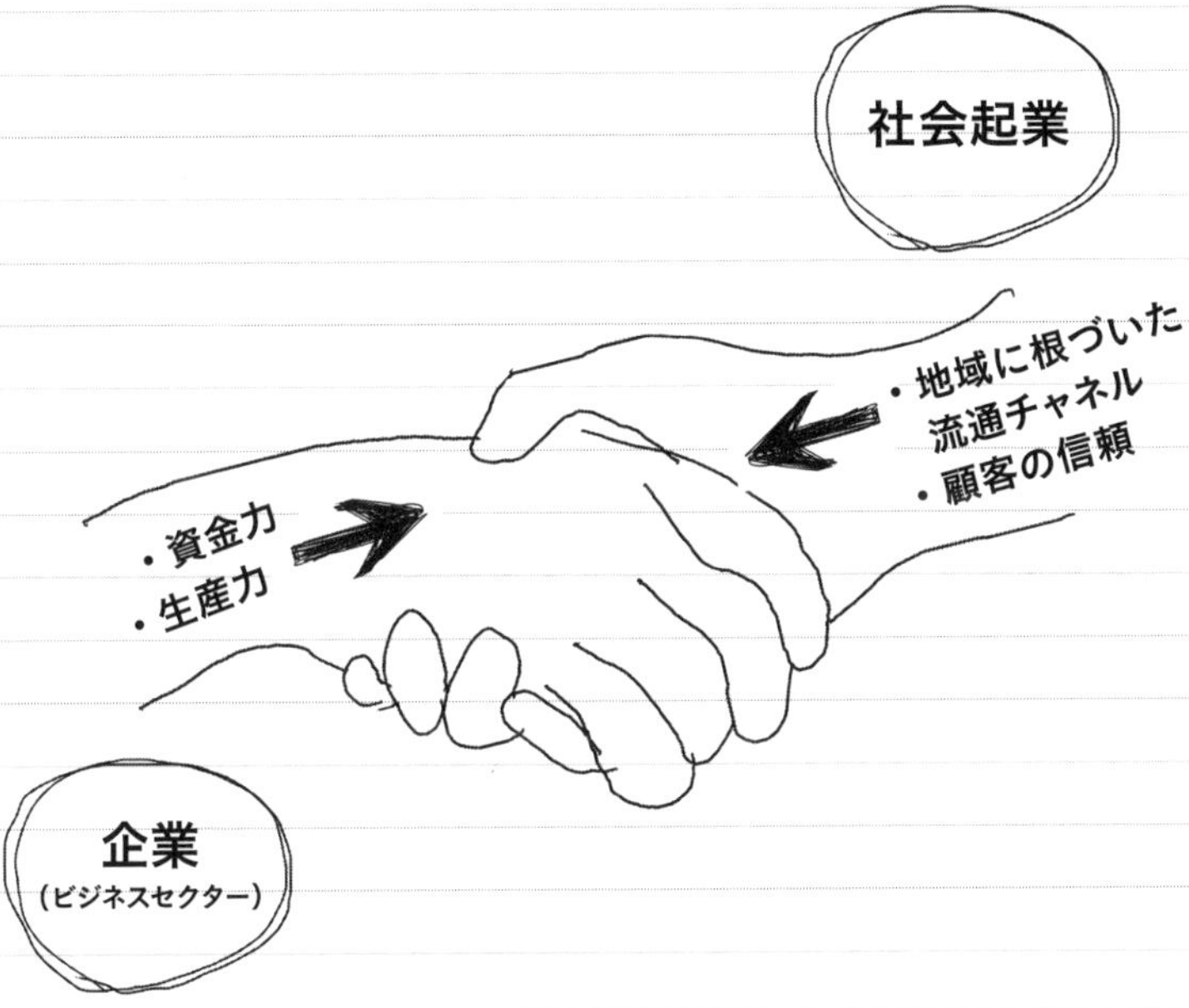

イノベーションは、社会セクターとビジネスセクターが交差する領域で起こっている

●イノベーションは企業内から生まれる

企業では内部からのイノベーションも起きています。社内起業家が先頭に立って、「社会や環境への配慮」を基本的な経営の中に盛りこむ努力をしています。**今後、社会や環境面のひときわ重要なイノベーションのいくつかは、大企業が起こしていくでしょう。**

世界的な靴・アパレルメーカーのナイキでサステナブル・ビジネスを統括するケリー・ローバーは、「グリーンエクスチェンジ」という取り組みを始めました。環境にやさしい製品、たとえば水性接着剤や再生ゴム素材を用いたグリーンラバーなど、旧来製品よりも環境への害の少ない製品の設計や製造に関係する知的財産を企業間で共有できるよう、橋渡しをする試みです。

この分野で最大のニュースは、二〇〇九年七月にウォルマートが「サステナブル・インデックス」を設けると発表したことでしょう。これは、世界で合計六万にのぼる納入業者それぞれについて、ゴミをどれくらい出しているか、水やエネルギーをどれだけ使っているか、評価するというものです。いつもは眉につばをつける環境運動家も、この時ばかりは小躍りしました。

このようなイノベーションの背中を押したのは、ポール・ホーケンの『サステナビリティ革命』（ジャパンタイムズ）、『自然資本の経済』（日本経済新聞社）や、サステナブルな企業の模範である世界的カーペットメーカー、インタフェースの創業者レイ・アンダーソンです。『ＨＩＰ投資家』（未邦訳）の著者Ｒ・ポール・ハーマンは、この種の変革は定量化可能なインパクトを社会に与え、しかも、「収益向上、コスト低減、税負担軽減、従業員のやる気と生産性の向上、株式価値の増大などをもたらす」と述べています。

多くの企業の例に洩れずウォルマートもまた、なぜサステナビリティを重視するようになったか。それは、過去にはほとんど見過ごしていた環境汚染、資源の枯渇、従業員のダイバーシティ《多様性》、ゴミ、都市の無秩序な拡大（スプロール現象）、発展途上国の労働環境、家庭や地域への影響などについて説明するよう世論の圧力を受けたからです。

ウォルマートはいつでも効率を重視してきましたが、これからは、エネルギーや資源の節約を考慮しながら進めていかなければなりません。

革新性や業界支配力を持たないような企業は、ロビイストや弁護士を動かして現状を維持しようとするかもしれません。だからこそ、解決策を考え、抵抗をはねのけ、変革をうまく前へ進めるには、社内のあらゆる階層の好位置に〝社内起業家〟をおく必要があるのです。

●変わりゆく企業の意識

社会起業家の取り組みを受けて、企業の社会的責任のあり方も変わってきています。過去には、**企業の社会的責任といえば、広報に毛が生えたものくらいにしか考えられていませんでした。**たとえばタバコメーカーのフィリップモリスは、自社への批判を和らげようとして、美術館やオーケストラに寄付などの支援をしていました。マーケティングを主な目的とした企業傘下の財団は、従来は社会へのインパクトよりも広報効果に関心を寄せてきました。

ですが今日では、社会的責任は経営の柱のひとつと見なされています。従業員のやる気を引き出して離職率を下げ、リーダーシップを発揮する機会を与え、顧客との絆を強めるうえで重要な役割を果たすものだと考えられています。

社会起業家は、自分たちが企業にどういった価値をもたらすかを心得たうえで、**社会的責任の担当部門を避けて企業トップとじかに交渉する傾向を強めています。**あくまでも正攻法での提携を目指しており、資金援助やスポンサーシップを獲得しただけでは満足しません。むしろ、戦略的に一致する企業と連携したいと考えているのです。

社会起業家とのあいだで長期にわたる強力な提携関係を築いた企業は、本業にもプラスの効果がおよんでいるとの見解を示しています。具体例を挙げましょう。〈ニュープロフィット〉と〈アショカ〉は、新規顧客分野の特定と開拓の機会を、コンサルティング会社のモニターとマッキンゼーに対し、提供しました。住宅リフォーム小売チェーンのホームデポは、〈KaBOOM!《カ・ブーム》〉や〈ハンズオン・ネットワーク〉との提携をとおして、何千人もの従業員に、楽しく有意義なサービスにかかわる機会を提供しています。出版不況のなか〈ファーストブック〉は、出版社に対してこれまで見落としていた新たな市場機会を見出せるよう、所得の低い家庭にまで顧客層を広げるよう支援してきました。

●社会的企業の課題

なお、社会起業家は、社会・環境面の成果についてのより大きな説明責任を企業に求めると共に、**社会的企業を取り巻く、規制環境や投資環境にまで影響をおよぼしています。**

社会的企業が誠実さを保つために、監督機関が目を光らせることもきわめて重要です。貧しい顧客は選択肢が限られているため、社会的企業がそれにつけ込んでいるのではないか、という疑惑が最近になっていくつか持ち上がり、論争を巻き起こしたからです。

最も物議を醸したのは、メキシコのマイクロファイナンス企業〈バンコ・コンパルタモス〉の新規株式公開（ＩＰＯ）です。このＩＰＯによって、驚くほどの利益が株主の懐に入ったのですが、株主のなかには非営利のマイクロファイナンス組織〈ＡＣＣＩＯＮインターナショナル〉も含まれていたのです。焦点になったのは、〈コンパルタモス〉が所得の低い借り手に年率一〇〇％に近い金利を課していた事実です。

株主は、銀行から相手にされずにいるような借り手なのだから、**融資の利率を高くしてもよい主張**しました（そうした借り手の多くは、もっと高い利率で悪徳金融業者から借り入れを行っているからです）。一方、批判者側は、〈コンパルタモス〉のようなやり方は高利貸しと同じだと言い、「競争のないなかでのさばっているなら特に悪質だ」と攻撃しました。

一部のマイクロファイナンスの貸主や投資家たちは、〈コンパルタモス〉の成功に追随しようとしていますが、マイクロファイナンス業界の内部では、借り手に向けたファイナンスに関する教育を充実させ、財務面だけでなく社会面の成果を見極め、消費者保護の基準を厳しくしようと、運動を進める人々もいます。

●評価システムの誕生

企業を対象に新たな規制を設けるべきだとする意見も多い一方、社会・環境をめぐる成果基準に自発的に従わせるために、透明性の高い評価・ブランディングの仕組みの考案に取り組む第三者機関もあります。

一例として、〈ソーシャル・アカウンタビリティ・インターナショナル〉が開発した「SA8000」というグローバル基準は、良好な労働環境を保っている企業の認証を目的としています。〈Bラボ〉は「Bコーポレーション」という認証制度を設けていますが、これはすべての利害関係者に社会的な恩恵をおよぼした企業だけに与えられるものです。

〈HIPインベスター〉は、利益のほか、社会や人類全体へのインパクトを加味して企業を評価できるように、投資家向けの評価システムを開発しました。すべての投資家や消費者が利用できるこの種の新しい監視ツールにくわえて、規制の変更、「低収益有限責任会社 low profit limited liability corporation（通称L3C）」のような工夫を凝らした会社形態の認可などが、全体としてこれから一〇年のあいだに、社会的企業の成長を促していくでしょう。

このドリシテに、日本のリコー社が提携してさまざまな試みを始めている。インドの現地に入り込み、現地の人たちとともに地域の課題やニーズにマッチした、新たな製品・サービスを生み出す。リコーは、これまで日本国内において中小企業のパートナーとして共に発展してきた。その、企業としての原点といえる大切な価値観に、今一度火をつけようとしている。社内に新しいイノベーションの火種を植え付けようとしている。

社会起業と連携することで、企業はこれまで培ってきた技術を改めて別の形で社会に適合させる機会を得る。また社員や社会に、企業としての存在理由を提示することができる。マーケットに対応するだけでなく、より"社会に意義のある"動機に基づいて社会と市場をリードする機会を得るのだ。さらに、ドリシテ社の現地でのアプローチが、リコーの社員を動機づける。この連携から、現地に自らとびこみ丁寧に話かけ、信頼関係をつくるというビジネスの基本的な態度を改めて学び、同時に、新しいビジネスアイデアや、異国の地域の中での自社の位置づけを見いだそうとしている。

日本企業の社是には、利益追求はむしろ手段で、より大きなビジョンを適えるのだと唱ってあることが珍しくない。社会のイノベーションに寄与することは、企業の存在理由を明確にし、企業と働く人に新たな指針を提示するのではないだろうか。

まとめ

企業には、世の中のイノベーションをリードする役割がある。
そこから、新しいアイデアや関係性、起業家精神も生まれ、企業と社会に新たな方向性を示す。

Point
by
井上英之

⑤ 企業とできること

社会セクターとの接点で、イノベーションが生まれる

どんな製品にもどんなサービスにも寿命がある。新しいものを生み出さない限り企業も市場も持続していくことができない。「イノベーション」は、企業にとっても生存しつづけるために必須であると同時に、イノベーションを引き起こす人材も必要だ。起業家精神が必要なのは、スタートアップベンチャーだけではない。イントラプレナー（社内起業家）は、企業の革新、そして生存の生命線である。

高齢化や環境問題……変化しつづける社会を反映して、マーケットも変化する。市場も「社会」の一部である。地域に潜む課題は解決を待つ「ニーズ」だし、社会的な意義は、社員や関係する人々をやる気にもさせる。ビジネスに必要な「イノベーション」の火種と「社会」は切っても切り離せない。企業にとって社会へのアクセスは、必須科目となる。

近年、BOP（Base of Pyramid）とよばれる市場を見てみよう。世界で40億人いるといわれる、低所得階層の人たち。彼らを援助の対象とはせずに、成長しうる巨大な市場として捉え、ユーザーの生活を向上させるビジネスを展開し、仕事も提供するなど、現地の課題解決もはかる。この背景には、手間がかかろうとも粘り強く、ニーズのある人たちにアクセスし、需要を顕在化させビジネスとして「やってみせている」社会起業家たちの活躍がある。

たとえば、インドのドリシテ社（Drishtee）は、インドの辺境の地まで生活用品や医療、金融、行政サービスを、適切な価格で届けることを実現した。インドの地方では、流通などのインフラが整わないため、地方のほうが都市部よりも生活コストが高くなる。これを、ITを活用し、正確な需要をつかみながら、品目別に流れていた流通を統合した。何よりも、村々に眠る“起業家”を発掘しトレーニングを行い、そして「任せる」ことで村人の成長と自発的な工夫を促進した。

⑥ 支援者としてできること

●資金提供の新しい手法

フィランソロピー（慈善による資金提供）は社会にイノベーションを起こすうえで、今後極めて重要な資金源になりえますが、必ずしもうまく配分されているとはいえません。政策当局や機関投資家と比べると、フィランソロピストはより大きなリスクを取り、長期的な視点を保ち、注目度の高くないアイデアでも支援することができます。**アメリカの歴史上でひときわ重要なソーシャル・イノベーションの多くに当初の資金を提供したのも、フィランソロピストたちでした。**彼らは、奴隷解放、婦人参政権、労働組合、公民権といった各運動の推進者や団体、病院の設立者、障がい者向けの大学・学校などに、えてしてこれら活動の意義が理解され望ましいと見なされる遥か以前に、資金を出していました。

フィランソロピーは今後、社会セクターのインパクトを劇的に強める役割を果たす可能性があります。推計によれば、二一世紀前半の遺産相続額は合計で数十兆ドルに達するそうです。このかなりの割合がフィランソロピーに振り向けられるでしょう。ちなみに、現在におけるアメリカの慈善団体の年間支出は、税務申告データによれば、およそ一兆ドルだそうです。フィランソロピーに振り向けられる資金が増えるだけではありません。フィランソロピストは、ソーシャル・イノベーターたちのニーズをこれまで以上に満たすような、資金提供の新しい手法を試しています。

具体例をいくつか挙げましょう。融資保証や一時的損失を引き受けて、支援先が資本市場から資金を調達できるようにする手法。イノベーションと新規市場の触媒として資金を使う手法。実績ある組織の成長に弾みをつけるために、複数年にわたる**「ペイシェント・キャピタル（寛容な資本）」を提供する手法**などがあります。斬新な手法はこのほかにもあり、**「ベンチャー・フィランソロピー」「戦略的フィランソロピー」「インパクト投資」**などが存在しています。

フィランソロピーは従来、チャリティの一種と見なされ、組織立ってはいませんでした。気まぐれに行われる場合さえあったほどです。たしかに、ロックフェラー、フォード、ロバート・ウッド・ジョンソンといった有力な財団は、以前から結果をたいへん重んじてきました。ですが、助成金の効果や、助成先にチャンスをもたらす意義などについての理解は、不十分な状態が長くつづきました。特定の目的のために、一年かぎりの助成金を出すのが一般的で、金額も多くはありませんでした。これでは、しっかりとした組織を築こうとする団体のニーズを満たすには十分ではなかったのです。

従来の財団の多くは、自分たちの成果評価も怠ってきました。近年では、そのおかげで批判を浴びることもしばしばです。財団は税金面で優遇されているのだから、他の公的資金と同じように説明すべきだと、批判者はいいます。このような批判と社会起業の広がりを受けて、**フィランソロピストの多くは測定できる成果を重視する姿勢を強めています。**なかには、財団の成果を支援先に評価してもらうという思い切った事例もあり、今後この傾向は助長されるでしょう。

●多様なフィランソロピーのあり方

この一〇年間、〈ベンチャー・フィランソロピー・パートナーズ〉、〈ニュープロフィット〉、〈アトランティック・フィランソロピーズ〉など、多数の新興の基金や財団が、ベンチャーキャピタルに倣った手法を取り入れてきました。何年にもわたる資金提供を約束する手法もあり、この場合はたいてい、資金提供者が何らかの形でじかに事業にかかわってきました。

支援内容としては、**経営コンサルティング、事業計画の策定、研究、人脈づくり、ロビー活動やマーケティングの支援**などがあります。資金の用途はひとつのプログラムに限定するのではなく、すべての資金を事業拡大のための基盤づくりに対して投下する場合が大半です。この手法の利点は、事前に定めた成果目標を達成すれば、原則として翌年も資金支援が続くことです。

これは、単に気が利いているだけのように思えるかもしれませんが、以前の手法と比べると大きく改善されています。以前は、助成金は一年単位のものが多く、更新されるかどうかの基準は非常にあいまいでした。

〈ブリッジスパン〉や〈ノンプロフィット・ファイナンス・ファンド・キャピタル・パートナーズ〉などは、成長戦略の立案を支援しますが、こうした支援団体のなかには特定の分野や成長段階に特化して、それに関係した専門性を培っているところもあります。

子どもや若者の暮らしを変えることを目的とする組織だけを対象に、成長資金を提供する〈エドナ・マコネル・クラーク財団〉と〈シーチェンジ・キャピタル・パートナーズ〉。気候変動、中東紛争、核拡散、世界的な疫病《パンデミック》の流行、水不足といった問題との戦いを後押しするために〈スコール財団〉が立ち上げた、スコール緊急脅威基金《アージェント・スレット・ファンド》などです。

以上のような要因を受けて、フィランソロピーのあり方が**「一時しのぎ」**から**「問題根**

絶型」へと変化しています。苦しみを和らげることから、苦しみを生む社会状況の改善へと重点が移っているわけです。革新的なアイデアを探し、優れた成果をあげる社会起業家を投資の対象にすえ、長期の資金を提供するとともに、経営の手助けをして成果を厳しく追跡するのが、この大変化の柱です。

現役のＩＴ起業家兼慈善家も軒並み、この変化を受け入れてきました。彼らの多くは三〇代、四〇代で早くも巨万の富を築き、二一世紀にも長く活躍するでしょう。旧来のフィランソロピストとは異なり、**ただ寄付をするだけでなく、解決策づくりに乗り出す意欲**を示しています。

ジョエル・Ｌ・フライシュマンは著書『財団』（未邦訳）のなかで、二一世紀のフィランソロピーで中心的な役割を果たすのは社会起業とベンチャー・フィランソロピーだろうと予想しています。なぜなら、両者の組織づくりや資金調達は「効果的に資金を使ってインパクトをもたらすもので、旧来の方法をはるかに凌ぐ」からだそうです。

ただし、ベンチャー・フィランソロピーにも大きな限界があります。社会的組織はたとえ大きな成果をあげていても、新興企業とは違って大きな利益を生まないのです。しかも、たいていは「規模の経済性」と無縁です。「出口戦略」もありませんから、成長ととともに必要資金も増えていきます。

ベンチャーキャピタルの手法は、社会的企業を早い時期に支援することを目的としており、末永く支援しようという意図はありません。継続的に資金を必要とする場合や、巨額の成長資金を求めている場合には、社会起業家は政府からの支援や大がかりな寄付に頼るか、自身の社会的企業の活動から収益をあげなくてはなりません。いま、フィランソロピストのあいだでは後者、つまり収益化への関心が高まっています。多くのフィランソロピストが「ペイシェント・キャピタル・ファンド」を設けて、組織や制度をつくる役割を果たそうとしています。これは投資会社が企業を対象に果たしているのと同じ役割です。

フィランソロピーは以上とは違った意味でも広がりを見せています。日本人が立ち上げた〈グローバルギビング〉や〈KI《キ》VA《バ》〉といった組織は、インターネットを活用して、「マイクロ」フィランソロピストと呼ばれる何百万もの個人フィランソロピストから寄付を集めています。このほかにも、おおぜいから寄付を集める仕組みとしては寄付サークル、女性財団、町内会などがあります。見知らぬ相手に寄付をする古くからの慣わしが廃れて、代わりに、**つながりや責任を土台にした寄付が主流となってきています。**

では、資金などをどう配分しなおすと、社会起業家の力をさらに引き出すことができるのでしょうか。以下にいくつかのアイデアを示しましょう。

A〉産業界との交流の場をつくる

世界最大の財団である〈ビル&メリンダ・ゲイツ財団〉は二〇〇九年に三五億ドルの寄付を行いました。気の遠くなるような金額だと思うかもしれませんが、じつは、ニューヨーク市警察の年間予算にもおよびません。〈ゲイツ財団〉は、自分たちの資金を用いて世界の貧困や医療問題を解決へと向かわせたいと考えています。ですからこの資金を最大限に活用する必要があります。

そのひとつの方法は、**企業や政府の慣わしを変える力を持った社会起業家を支援すること**です。そのためには、政策当局者と社会起業家が強みを出し合って世の中の仕組みを改善する方法を見つけ出せるよう、両者の顔合わせの場を今より頻繁に設けたり、事業のやり方を改めて緊急性の高いニーズに応える方法を見つけるために、社会起業家と産業界のリーダーが手を組むことを支援すべきです。

このようなパーティーを運営し、意見を交わし、信頼を築くには、時間と費用がかかりますが、こうした交流を促し、新しいアイデアや慣わしを生むための中立的な場を設けるのは、フィランソロピストだけが得意とする領域なのです。

B〉さまざまな奨励制度を促す

フィランソロピストは大学への影響力を活かし、**社会起業に焦点を当てた教育や研究を**

奨励するとよいでしょう。この分野に関心のある学生を集めるために、授業料を補助するのも一案です。既存の奨励制度（エコイング・グリーン、ドレーパー・リチャーズ基金、アショカ、ザ・マインド・トラストなど）は、社会起業分野の人材育成に大きな役割を果たしています。とはいえ、数があまりに少ないのが現状です。

社会起業分野により多くの人材を惹きつけるには、もっと多くの奨励制度が必要です。とりわけ、所得の低い家庭の若者を惹きつけるには、その必要性が高いのです。彼らが従来と違ったキャリアを歩むには、ともするとても大きなリスクを取ることになりますから。

社会起業の紹介や報道はまだまだ十分ではありません。投資財団は新しいメディア媒体に投資をして、**社会問題の解決をニュースで多く扱ってもらう**と、現状を打開できるでしょう。ソーシャル・イノベーションについての知識共有を推し進めるために、定期刊行物、ウェブサイト、公共データベースなどのプラットフォーム構築を支援するのもいいでしょう。

〈スコール財団〉が運営する「ソーシャル・エッジ」というサイトは、社会起業家が自分の経験を紹介し、助言を交わし、奨励制度、資金提供プログラム、イベントなどの情報を集めたりする場になっています。〈アショカ〉の「チェンジメーカー」というサイトは、

「コラボレーション・コンペ」を主催し、世界中の人々から、グローバル規模の問題についての解決策を募っています。このような自由参加型の場には多くの実用的なアイデアが集まってきます。特に優れたアイデアには賞が与えられ、巨額の助成金が出る場合もあります。財団は、小さな助成団体が戦略的な寄付対象を見つけられるように、リサーチにもっと力を入れるべきでしょう。

ベビーブーム世代向けに、「第二の人生」で社会起業家に転身するための研修や奨励制度を設けるのも一案です。これは、マーク・フリードマンが著書『アンコール』（未邦訳）で紹介している方法です。

フリードマンは、「アメリカの歴史上で最も人数の多い世代」の豊かな「経験を活かす」ことが社会にとって必要だと主張しています。企業向けの「社会奉仕活動助成プログラム」を支援するのもよいでしょう。〈タップルート・ファンデーション〉が手本を示しているように、狙いは、プロボノを企業で働く人々にとってより身近なものにして、景気が悪い時期にも企業が社会的な責任を果たせるようにすることです。以上のような取り組みをすると、**異なるセクター間の人材交流がさかんになる**メリットがあります。なお、フィランソロピストが従来の寄付をいっそう活かすには、より多くの助言組織が成長できるよう、後押しすることです。助言組織のひとつ〈FSGソーシャル・インパクト・コンサルタンツ〉は、フィランソロピストや社会投資家を対象に、寄付・助成や投資の効果を高める手助けをしています。

C〉説明責任をはたす

ビジネスの世界では、投資家は「もっと高い収益をあげられる」ならば戦略を変えます。フィランソロピスト、政策を決める人々、政治家も目まぐるしく方針を改めますが、これは、**目先を変えたい、前任者との違いをアピールしたい、といった動機**によります。

一例として、幼児の生存率をめぐるＵＮＩＣＥＦ（国連児童基金）の方針転換が挙げられます。ＵＮＩＣＥＦは一九八二年から九五年にかけて、いくつかの基本的な救命活動への介入に世界の注目を集めることによって、幼児の健康状態を目覚ましく改善しました。主にワクチン接種と経口補水療法を用いて、何百万人もの幼児の命を救ったのです。

ところが、一九九五年にトップが交代すると、ＵＮＩＣＥＦは幼児の生存率を高めるための取り組みを後退させました。成果が思わしくなかったわけでも、必要性がなくなったわけでもありません。新任のトップが人権を守る取り組みに力を入れたいと考えたからなのです。

これと同じように、財団や基金なども、支援先にほんとうの理由を伝えないまま方針を変える場合が少なくありません。「何年も一緒にやってきましたから、ここで一区切りつけるのも悪くないと思いまして」などと言って支援を打ち切るわけです。これでは、社会的投資というより男女の交際のようです。これは、「成果は二の次」と述べているのに等しいです。本来は、「他に投資したほうがインパクトを生み出せると考えました。それが理由です」というように、判断理由を説明するよう努めるべきでしょう。

D〉組織の淘汰を活発化させる

社会組織は続々と生まれていますが、一方、淘汰される組織はとても少ないのが現状です。ビジネスの世界では組織の新陳代謝がありますが、社会セクターにはそれが欠けていますから、資源が成果の低い組織から高い組織へと移っていくことがなく、薄く広く配分される傾向が強まっていくばかりです。アイデア、人材、組織の新陳代謝をたゆまなく行わないかぎり、事業の発展は止まってしまうでしょう。これは新規参入の意欲を削ぐものではありません。突破口を開くには、**高い成果をあげない組織への資金支援を減らしたり、打ち切ったりすればよい**のです。

E〉コラボレーションの場をつくる

〈アショカ〉のビル・ドレイトンは、社会起業の次段階ではコラボレーションの促進が大切だと述べています。二〇世紀初め、法律家や経営コンサルタントは「仲間どうしで会社をつくれば、効率がよく、影響力も拡大することができる」と気づきました。これと同じように社会起業家も、フィランソロピストの後押しを受けて何人かで会社を設けるとよいでしょう。

こうすれば、専門性や人脈を広げ、アイデアを試し、ベンチャー事業を立ち上げ、政府や企業など大きな顧客にコンサルティングを行うことができます。起業してまもない人にとっても、以上のように仲間と会社をつくればそれがよりどころとなって起業リスクや孤独が和らぎます。

成功例としては、ともにトロントに拠点を置く〈センター・フォー・ソーシャル・イノベーション〉と〈MaRSディスカバリー・ディストリクト〉があります。ほかにも、〈ソーシャル・イノベーション・ジェネレーション〉という工夫を凝らしたコラボレーション例があります。これは、〈J・W・マコネル・ファミリー財団〉、〈MaRSディスカバリー・ディストリクト〉、〈PLANインスティチュート〉、ウォータールー大学がタッグを組み、カナダの経済、文化、政策の変革を促して、たゆみない社会革新と「包括的な」改革を引き起こそうとするものです。

このようなあなたの“励まし”は、挑戦者にだけでなく、社会にゆらぎを起していく。その個々の動きを、見えやすく再現性のある「仕組み」にできないか。自分のいる団体や組織、会社を通じて。もしくは、新しいプログラムを立ち上げて。

私が始めた、「ソーシャルベンチャー・パートナーズ（SVP）東京」という団体も、そのささやかな実験だ。ビジネスパーソンを中心に、10万円ずつ出資しあい、革新的なNPOやソーシャル・ビジネスに、資金の提供のみならず、それぞれの専門性を生かしたお手伝いをさせて頂いている。日本で最初の「ベンチャー・フィランソロピー」だ。

現在、100人ほどのビジネスパーソンが集まり、新しい出会いや対話が生まれ、社会起業もメンバーも進化している。この場にいると、個々の成長や気づき、楽しさ、といったことも、「投資」のリターンのひとつだと気づく。さらにここでの経験から社内のCSRに寄与したり、新規事業に生かす、独立して社会起業するなどの動きにつながっている。

まとめ

よい動きに火をつけ加速させる、
いろんなことがぼくらにはできる。
それを「仕組み」にしていこう。

Point
by
井上英之

⑥ 支援者としてできること

支援の手段は広がっている!

日本人には、寄付の文化もフィランソロピー（慈善）もない、っていうけれど、ぼくはそんなの嘘だと思う。それは、東日本大震災のとき、多くの人がパニックにならずに互いに協力し、こういうときこそ助け合った姿に、世界が衝撃を受けたことからもうかがえる。こんなにも本来、つながりを大切にし、誰かのためになることを自然にできる人たちは、本当に珍しい。「日本人って、たいてい、いい人なんだよね！」って、いいたくなる。

ところが、個人の話と、社会全体に見える寄付や慈善行為の総計を、社会で比較するとなぜか、「日本は遅れているんです」という話になる。もちろん、日本には陰徳の文化があったり、謙虚なのは多少はあるのだろう。ただ、せっかく個々の人の気持ちや善意があるのに、世の中のシステムへの橋渡しができていないのは、残念だ。この断絶をなんとかしたい。

まずは、本書にある通り、個々人ができることから、すぐに始めることだ。多くの人が担い手になっていく。それぞれが、社会に対する投資家、といってもいい。

“お金の使い方”は、いちばん身近な、世の中への投票行為だ。ぼくらは日々、お金を通じて、“投票”をしている。カフェを選ぶ際、禁煙のカフェを選ぶのか、好きな味で選ぶのか、それとも店員さんの雰囲気で選ぶのか。お金を払うということは、モノの購買だけではなく、「続いてほしい！」と思うお店への賛成票であり、投資行為だ。寄付は、最もストレートな投票行為ともいえる。

さらに、お金だけでなく、もっと結果が出るように参画したい場合、自分の持っている専門性を生かしたプロボノもできる。会計やIT、PR、営業、総務、さまざまないまの職場での経験を通じて、自分自身も成長を体感できるだろう。文中にある、パーティーを開くのもいい！　素晴らしい活動と、関心ある多様な人たちを「つなぐ」のもイノベーションのために、本当に欠かせない重要な要素だ。

⑦ メディアとできること

●なぜ、社会起業は報道されにくいのか

ジャーナリズムの世界は大きな変化の波にさらされています。とりわけ、テレビのニュース番組は視聴者や購読者の減少にあえいでいます。アメリカでは二〇〇九年、一〇〇を超える新聞社が廃業したり、紙の新聞を廃刊にしたりしました。かの『ニューヨーク・タイムズ』でさえも、紙媒体の存続は危ぶまれています。消費者のあいだでネットやケーブルテレビへの移行が進んでいるため、これから先、どういうものが主なニュース媒体になるのか、資金はどう調達するのか、見当がつきません。

社会起業家は、解決策に焦点を絞ったニュースをひとつの分野として確立させる、という変化を後押しできるのではないでしょうか。いまのところ、主要ニュースは問題そのものや紛争ばかりを大々的に扱っています。社会起業分野の活動はふつうの人々にはほとんど知られていません。

〈グラミン銀行〉を考えてみましょう。〈グラミン銀行〉は、貧困撲滅組織のなかでもおそらく最も称賛されています。この三〇年間に、『ニューヨーク・タイムズ』がこの銀行について掲載した記事は八四本でその三分の一は二〇〇六年のノーベル賞受賞後に集中しています。

ちなみに、スリランカの反政府組織タミル・タイガーと過激派組織アイルランド共和軍（IRA）関連の記事はそれぞれ八〇〇本と三六〇〇本です。「麻薬ギャング」「走行中のクルマからの発砲」というキーワードを含む記事は、それぞれ六〇〇本近くあります。

では、〈アショカ〉、〈BRAC〉、〈自営業の女性の会（SEWA）〉はどうかというと、一九八一年以降でおのおの一六本、七本、八本にすぎません。これら三つの組織はみな三〇年前から活動していて、世界の社会的企業のなかでひときわ高い知名度を誇っていますす。どれもみな、貧困ほかの問題に挑戦してきた豊かな経験を誇っています。

これらの経験は「周囲からもっと理解されれば」よりよい公共政策の実現に寄与し、何千もの社会セクターの成果を高めるのに役立つでしょう。ところが、IBMのような大企業やヤンキースなどのスポーツチームを頻繁に取り上げるのが好きな新聞記者は、社会起業のネタはたとえ重要なものであっても、年に一度か二度、記事にすれば十分でそれ以上は取り上げるべきではないと考えているようです。

社会問題の解決というテーマは、かりに記事になったとしても、たとえば企業や政府の不正や汚職と比べてあまり重要でない、あるいは「迫力に欠ける」ニュースとして扱われる傾向があります。ジャーナリズムの本質に照らすなら、**ニュースは必ずしも悲観的なものである必要はないはず**です。

ニュースを「これから世の中がどう変化するかを伝えるもの」と見なすこともできます。そして、社会起業は間違いなく現状を変えようとするものです。検閲や統制を受けない出版物の主な役割は、充実した暮らしやよりよい社会の実現に必要な情報を読者に届けることではないでしょうか。**人々にチャンスと課題の両方を伝える必要がある**でしょう。

ですが、報道機関の社風や仕組みに縛られるジャーナリストは、解決策の報道を意図的に少なく抑えます。「偏向している」というレッテルを貼られるのを恐れるのです。すでに起きた出来事を論評するほうが、未来に付加を与えるアイデアを称えるよりも無難なわけです。ニュース編集室の予算カットも、解決策を記事で取り上げるのを難しくしています。このテーマは、通常の記事よりも詳しい取材を要する場合が多いからです。そしてい うまでもなく、悲観的あるいは否定的なニュース、とりわけスキャンダルや殺人事件は、販売部数を押し上げます。このため、わたしたちは社会の何が病んでいるかについてはよく知っていても、解決に向けて何がなされているかはほとんど知りません。

今日の課題は、**社会起業の実情を誠実に報道すること**です。社会問題の解決に向けてどのような活動が行われているかをわかりやすく具体的に伝えるのは、ビジネスに関して毎日、主な起業家が何をして業界がどう進化しているかを報道しているのと同じように重要なのです。

●ニーズに対応できていないメディア

この状況にも変化が芽生えつつあります。消費者調査を行うと、判で押したようにジャーナリズムの現状への不満が浮かび上がってきています。ジャーナリストの側でも不満を抱いています。メディアは公益への配慮よりも、いかに売上を伸ばすかを優先させてばかりなのです。

社会正義に燃えてこの世界に入った記者の多くは、自分の倫理感に何とか忠実であろうと苦悩しています。苛立ちを募らせたジャーナリストは、会社を内側から変革しようとするか、社外へ飛び出して新しいメディアを立ち上げるか、どちらかでしょう。

オンライン・メディアの持つ「現状を変える力」は、しきりに話題になっています。ただし、消費者が「問題だけでなく解決策も知りたい」と考えるようになっているのに、既存のメディアがそれに対応できていない状況は、あまり語られていません。

先見の明のある大学は、変革を求める学生の声に応えてきました。賢明な企業は、若手の従業員を惹きつけておくために、社会を変えるような意味ある仕事やサービスに携わる機会を設けています。ジャーナリストも消費者も、意味ある探求へと自分たちを駆り立ててくれるようニュースの構成や中身が変わることを熱望しているのですから、メディアもそれに気づく必要があるでしょう。

社会起業の分野には心躍るストーリーが溢れています。それらは、読者の気持ちを和ませたり、ホリデーシーズンにおなじみのイベントごととは違い、社会を変えるために市民がどう自分たちの力を活かしているかを伝える貴重な情報です。**新しいアイデア、新しいキャリアパス、新しい組織や制度についてのストーリー**です。

一部ではすでに変化が芽生えています。主流のメディアが、感謝祭やクリスマスにちなんだ昔ながらの心温まるエピソードとしてではありますが、社会起業家についての記事を心持ち増やしはじめているのです。

●解決のチャンスにも光を

社会がよりイノベーションを進めるまで、ジャーナリズムの果たす役割はとても大きいはずです。社会起業家が、新しいアイデアを広めたり、既存の考え方や行動様式に疑問を投げかけたりする際には、反応の大きいメディアに頼らざるをえません。解決策づくりにかかわる人が増えるにつれて、成果をあげるための情報のニーズも高まるでしょう。ですからニュース業界には、優れた記事が書けるだけでなく、**社会問題が解決されるまでの流れに詳しいジャーナリストがもっと必要になる**と思われます。社会セクターの成果を相対的に評価できる、鑑識眼のあるジャーナリストが求められるのです。

各業界でどの企業が競争力があるか、どの政治家が影響力を強めているかを知るジャーナリストはいますが、いまのところ、人々の暮らしをよくするのに貢献している社会セクターと、ただお金をムダにしている社会セクターを区別できる人はごく一握りです。ジャーナリストは、**問題を暴くだけでなく、問題と解決のチャンス、両方に光を当てることへと使命を広げる必要がある**でしょう。

何人もの社会起業家がジャーナリズムの変革を目指して、すでにニュースを発信・収集したり、世の中への説明責任をよりよく果たしたりするための新たなプラットフォームを設けています。彼らの多くは発展途上国で活動しており、それらの国ではそもそもメディアの力がぜい弱です。

新しいプラットフォームの例をいくつかあげましょう。

- コロンビアの政治権力の実態を暴くニュースサイト「ラ・シラ・ヴァシア（空の椅子）」
- 政府検閲の厳しいスリランカの市民ジャーナリストに安心して発言できる場を提供する「グラウンド・ビューズ」
- 世界中のさまざまな言語のニュースを集めて検索機能を備えた「グローバル・ボイス・オンライン」
- 少数民族関連の小さなニュース会社が何千もあり、それらの購読者増大を後押しする「ニュー・アメリカン・メディア」

このほか社会起業家のあいだには、ジャーナリズムの品定めや政府の監視を目的として、新たな仕組みづくりを進める動きもあります。ふたつの例を示しましょう。ひとつは、読者の数だけでなく信頼性や品質をもとに記事を評価する、コミュニティ形式の「ニュース・トラスト」というサイトです。もうひとつはドイツの「パーラメント・ウォッチ」というサイトです。このサイトは、市民と議員がじかに意見を交わすための場を提供していて、驚くべき透明性を実現しようとしています。

これらの取り組みのいくつかは〈アショカ〉の「ニュース・アンド・ナレッジ」という

プログラムの支援を受けています。このプログラムは、〈ナイト財団〉(正式名称は〈ジョン・S&ジェームズ・L・ナイト財団〉)の資金提供のもと、ジャーナリズムの分野で社会起業を促そうという趣旨で設立されました。

社会起業を詳しく報道するジャーナリストが増えると、それをきっかけに、他の分野のニュース報道も改善されるかもしれません。社会起業家は**「失敗なくしてイノベーションなし」**という教訓をジャーナリストに伝えることができるでしょう。失敗してそこから学ぶのが、よりよいアイデアを生み出すための唯一の確実な方法です。

サイエンスやビジネスを扱うジャーナリストはこれを心得ていますが、**公的機関を取材するジャーナリストは失敗にとても厳しい視線を向けます。**しかも彼らは、「やむをえない失敗」(たとえば、問題を解決しようとするなかでよく起きる失敗)と「手抜きや能力不足による失敗」を区別しようとしません。

社会起業家やビジネス起業家が、官僚に対するのと同じような詮索の対象にされたなら、萎縮して大胆な行動を取れなくなるでしょう。社会起業をもっと詳しく取材すれば、この分野に厳しく目を光らせながらも、社会セクターでの試行錯誤をむやみに妨げないように気をつけることの重要性に気づくでしょう。

本文にもある通り、メディアは、社会の課題や問題をただ伝えるだけではなく、それ以上の役割を果たせるのではないか？　事実の報道は重要だが、「問題の報道」だけではなく、「問題解決の報道」もすることで、新たな火種や希望を、この世の中に流通させることができるのではないか？　スコール財団が、メディアによる社会変化のレバレッジ（テコの原理）をかけることを財団として意識し、社会起業家たちの挑戦の周知やメディアを使った問題解決を支援しているのは、まさにその一例だろう。

これらの番組で追おうとしていたのは、社会的な問題解決という、大きなテーマへの挑戦の「プロセス」である。簡単には解決できない。だが、毎日、1ミリでも、何かに挑戦し、前へ進もうとする力がある。そして、そこからの知見がある。それを、世の中の「知」として、アーカイブとしてメディアが共有する。

たとえば、NPO法人「フローレンス」が挑戦する、病児保育というテーマ。これは、フローレンスにのみに課された課題ではない。フローレンスの挑戦を、ただ彼らの努力の成果を享受するだけでなく、失敗や痛い経験も含めて、同じ立場として共有していく。受け止めたそれぞれの市民が、企業が、行政が、子どもたちのために何ができるのかを共に考え、共働きの若い家庭をどう支えていくのか、行動する。結果として、新たなシステムをつくっていく契機とする。

これからのメディアは、社会の変化をウォッチする“客観的な”存在であるだけではなく、変化の“主体者”の一員としての側面をもつはずだ。メディアは、間違いなくソーシャル・イノベーションを支える“プレーヤー”のひとりなのだから。

まとめ

メディアの役割は進化する。
もっと主体者として「問題解決の報道」を担い、変化の道すじをアーカイブしよう

Point
by
井上英之

⑦ メディアとできること

いま、メディアにはもっと大きな役割がある!

「ニュー・ヒーローズ（The New Heroes)」(2005年、PBS・全米公共テレビ放送）というアメリカのTV番組がある。社会起業家を紹介する番組なのだが、オープニングがめちゃくちゃカッコいい。

「この世界には、まだまだ貧困、環境、教育、差別などさまざまな問題がある。それらに果敢に挑戦する知られざる新しいヒーローたちがいる。まだ多くの人が知らない、その彼らの姿を追っていきたいと思う」と、俳優ロバート・レッドフォードの渋い声のガイドで始まる。

オープニングもさることながら、この番組のしびれる点は、全米をカバーするTV局が当時、まだそのコンセプトも一般に知られていなかった頃、社会起業家をメインの題材に選んだことにある（それまで社会起業活動の広報や支援を担っていたのは、主にインターネットなどのニュー・メディアだった)。

日本でも、2008年頃からNHKが「チェンジメーカー」という番組を企画。深夜だったが若い世代に、カジュアルにそして等身大の目線で、世界の、そして日本の社会起業家たちの物語を紹介した。私も、企画やコメンテーターとして参画したが、この番組を見た視聴者が、若者たちに音楽会社を立ち上げてもらうことで変化を生み出す、NPO法人「ブラストビート」を誕生させるなど、一定以上の反響があった。

その後も、NHK-BSで「ミッション」という番組に引き継がれ、慶應SFCでの公開授業で、ケニアで活動する社会起業家と若者たちが対話し、学生たちから新しいアイデアを提案、それを実行に移していくプロセスなどを、番組で紹介していった。また、他にも、「難問解決!　ご近所の底力」(NHK）など、住民たちによる、地域の課題解決とその手法のスケールアウト（他地域展開）を意図した、非常におもしろい番組も登場した。

⑧ 一個人ができること

●地球は新しいOSを必要としている

ポール・ホーケンは著書『祝福を受けた不安』（未邦訳）において、何百万もの組織、しかもたいていは誕生して間もない組織が生態系のサステナビリティと社会正義のために尽くしていて、この気運がグローバル規模で高まっている様子を描いています。「この運動の幅広さは並大抵ではなく、それをとらえるのは大海を手でつかもうとするようなものだ」と述べています。

これは多様でバラバラな動きですし、行動主義を軸としているわけではないですから、過去の運動と比べて大きな注目を集めてはいません。にもかかわらずホーケンは、**「ほんもののイノベーションを実現する可能性を秘めている」**と主張します。二〇〇九年には学生に向けた卒業スピーチで「地球は新しいオペレーティング・システム（ＯＳ）を必要としています。それをプログラミングするのはあなたがたであり、数十年以内には完成させる必要があります」と語っています。

オバマ大統領は就任から数カ月後に、アメリカ国民にこう呼びかけました。「あなたがたの献身が必要です。歴史上のいまこの瞬間にです。どうか立ち上がって各自の役割を果たしてください。どうか本腰を入れて、歴史の方向を変えてください」

大学と企業、郊外とスラム街、農村と工場、砂漠とジャングル、学校の教室と摩天楼など、あらゆる場所で、勝算が小さいにもかかわらず、イノベーションを推し進めるためにふつうの人が次々と立ち上がるようなこの時代において、わたしたちひとりひとりが、同時代の「情熱と行動」を分かち合うためにどう準備をすればよいのか、いまこそ考えなければなりません。

ピーター・ドラッカーは著書『明日を支配するもの』（ダイヤモンド社）において、個人はこれから先、組織や制度に頼ったのではキャリアや人生を切り開けないだろうと記しています。

職業、業界、セクター間の垣根はあいまいになっていくでしょう。変化の激しい環境を泳いでいかなくてはならないのです。羅針盤としては、ひとりひとりは自分の価値観や強みが変わりゆく社会のニーズとどうかかわるか、理解するよう努めるべきです。これこそ、わたしたちが最も貢献できる道なのです。

●まずは自分を知ること

社会起業にうまくかかわる方法を探り当てるには、まずは自分自身をよく知ることでしょう。学生はよく、「自分の熱意をどう活かせばいいのか」という問いを抱きます。学生たちは、社会起業家になるべきか組織の一員になるべきか、環境と貧困どちらに重点をおくべきかなどを知りたいのでしょう。

このような問いの答えを見つけるには、「自分は何に関心があるのか」「どういった環境に身をおくと資質を活かせるだろう」「先行きが不透明な状況でもやっていけるだろうか」「仕事を任されなければ納得できない性格だろうか」と胸に手を当てる必要があります。

社会起業の分野では多くの役割が求められていますから、**自分の性格に合わない役割を無理に引き受けなくても、誰にでも何かできることがあるでしょう。**世界を変えたいと考える人々の大半が、自分で組織をつくるわけではありません。アメリカでも独立した人は一〇人にひとりにも達していないのです。たいていの人は既存の組織で働くことを選びますが、だからといってその仕組みをすべて受け入れることにはなりません。企業や公的組織を内側から変える人も少なくないのです。

会社を自分でおこす人の場合、その組織の運営、支持、技術・財務・コミュニケーション・研修などの仕事に数百人が必要になってきます。いってみれば映画制作のようなものです。プロデューサーと監督だけでは映画はできません。俳優、フィルム編集者、技師、映画館、評論家、観客などが欠かせないのです。今後、研究者、投資家、政策立案者、経営者やマネジャーなど多くの人々が、**社会起業に新しい息吹を吹き込む活動に加わる**でしょう。

自分の強みやリーダーシップ像を理解しておくのも大切でしょうが、自分を知ることの重要性はそれだけにとどまりません。アイデアの実現に向けて心血を注ぐ人はたいてい、何年も前から――時には子どものころからの興味関心をもとに行動しています。社会起業の分野で働こうとする人は、その第一歩として、**「自分がいつも関心を寄せてきた対象は何か」を見極めるとよい**でしょう。

これまでの行い、人づき合い、勉強、仕事など、人生を振り返ってみて、以前からずっと関心を寄せてきた事柄や職業が何かを思い起こすのです。誠実な意図にもとづいていればいるほど、仕事の愛着や効果も上がりますし、何より達成感を味わえるでしょう。これはとても大切なことです。というのも社会起業家の多くは、先が見えない状況で長いあいだ苦闘した末に、ようやく成果をあげて評価されるのですから。

パーカー・パーマーは著書『大学教師の自己改善』(玉川大学出版部)において、わたしたちの内面は必然的に外に表れると書いています。社会起業家は自分の意思を社会に反映させようとするのですから、少なくとも知らないうちにまわりに迷惑をかけることがないように、自分の動機を心得ておく必要があります。社会起業家の多くはこの責任を自覚しているので、牧師、セラピスト、人生《ライフ》のコーチ、助言者《メンター》、コンサルタントなどに相談に乗ってもらいます。対人関係に活かすために性格テストを受ける人もいます。たとえ組織を率いる立場であっても、自信喪失、不安、激しい感情などを抱える人は多く、それを放っておいたのでは、人間関係に悪影響をおよぼして活動のインパクトを弱めかねません。パーマーが書いているように、**社会の仕組みや企業に高い理念を反映させるには、自分を客観的に見つめられるリーダーが必要**でしょう。

●アイデアをどう深めていくか

イノベーションを進めるために起業家にとっての第一の関門は、組織を立ち上げているあいだに「どう自分を支えるか」ではないでしょうか。なかには、ほかの仕事をして稼ぎを得ながら、余った時間にアイデアを温める人もいます。少数ですが、〈エコイング・グリーン〉や〈ドレーパー・リチャーズ財団〉など、初期支援を行う組織から給付金を得る例もあります。配偶者やパートナーに一時的にですが、ほぼまたは完全に養ってもらう人もいます。一時的に支出を抑えるために、友人や家族のもとに身を寄せる人もいます。医師や法律家のような専門家は、社会組織の仕事をはじめた後も、収入の足しにするためにパートタイムで従来の仕事を続けてもよいでしょう。最初は、家族や友人から寄付や出資を募る例も多いです。

組織を築くのは、人間関係を築くことでもあります。「会ってお話ししたいのですが」と次々と電話をかけることが大事なのです。社会起業家は、しばしば同級生、恩師、元同僚などに応援を求めます。ふつうは、友人だからというだけで誰かを採用することはありません。理念の一致する相手の中から、特に自分の弱点を補ってくれる相手を探します。

「市場」の調査も忘れてはなりません。たとえば環境問題に対処したいなら、焦点をひとつに絞るのがよいでしょう。地球温暖化をめぐって政治行動を取ったり、農業用水のムダを減らすという具体的なテーマを掲げたりするのです。

次に、その分野で起きている最も重要なイノベーションを五つ挙げましょう。アイデアを五つ考えるには、五〇もの例を参考にする必要があるかもしれません。話し合いや資料調べに何カ月もかかるかもしれませんが、やがてはその分野の問題点、手法、関係者などに詳しくなっているでしょう。そうなれば、傾向がわかり、何が足りないかを見極められるはずです。

アイデアを練りながら、プランを書き留めましょう。二ページの企画書であっても、アイデアに具体性を持たせて息吹を与えることができます。このプランは議論の叩き台になります。誰かに意見を求めれば、それが大きな変革への第一歩になるでしょう。

人々がアイデアに乗り気になるのは、「自分にとって大切なことを実現できそうだ」と心を躍らせる場合でしょう。あなたのアイデアは、他の人の価値観にどれくらいフィットしているのか。この点を必ず探ってください。誰かから「わたしがお手伝いできることはありますか？」と聞かれたら、いくつかのアイデアを挙げましょう。資金援助だけでなく、助言、推薦、人の紹介、倫理的支援を求めるのです。

心の広さや頭の柔らかさはイノベーションの前提条件ですが、それもある程度までです。**新しい何かを生み出すには、人の意見を傾聴する努力が気の遠くなるほど求められます。**その一方、率先して動くためには、「腰を上げるのに十分な知識がある」ことが求められます。他者の教えに積極的に耳を傾け、同時に、世の中に何を伝えなくてはいけないかを決して忘れないという、バランスの取れた姿勢が求められます。注意を払うべき助言と聞き逃してもかまわない助言を、どうふるい分ければよいのか。こう問いかけることで、自分のモチベーションを明確にしていきましょう。

アイデアの枝葉を次々と削ぎ落としていくと、最後に残るのが核心部分のはずです。これこそアイデアの真髄、つまり、**あなたが「一〇〇%正しい」と考えるもの**です。こうした核心にどれだけ忠実であるかによって、どれだけ雑音に惑わされず、批判、抵抗、失敗に耐えて、平坦ではない道のりを進んでいけるかが決まります。

●チェンジメーカーを志す人へ

チェンジメーカーとして成果をあげるには、社会起業について学ぶ必要はありません。もちろん変えようとする制度の詳細や、気がかりな問題の歴史については理解しておく必要があります。**大切なのはその問題を解決するためにこれまでに何がなされたか——何がどういった理由で成功したり失敗したりしたかを知っておくこと**です。なぜなら新しいアイデアの大半は、以前に試して細かい部分でうまくいかなかったアイデアの焼き直しだからです。うまくいかなかった細かい点について知っているかどうかが、新たな取り組みの成否を分けるともいえるかもしれません。

共感、忍耐、勇気のほかに、実務上のスキルも欠かせません。具体的には、財務、流通、マーケティングなど、組織を築くうえで必須の知識です。ジャクリーン・ノヴォグラッツは著書『ブルー・セーター』（英治出版）にこう記しています。「今日の世界では人道主義を掲げるだけでは十分ではない。人の意見や考えに耳を傾ける術を知っている人々、実のある具体的なスキルを持った人々が必要なのだ。冷徹な分析とやさしい気持ちを結びつけることが、成功へのただひとつの道だろう」

チェンジメーカーのなかでもこれから重要性を増していくのは、セクターや文化を超えた経験や関係を持つ人々です。**包括的な解決策を見出すには、政府、企業、社会セクターのあいだ、業界間や国境をまたがる橋渡しが必要**です。仲介役がこれをけん引するでしょう。

チェンジメーカーが何よりも身につけるべきは、抵抗や反発をどう乗り越えるかです。変革には抵抗がつきものです。そうした反応はいつでも不合理なのです。『リーディング・チェンジ』（未邦訳）でジェームズ・オトゥールは、「変革への抵抗が生まれるのは主に、『他人の意思を押しつけられるのは嫌だ』という気持ちからだ」と書いています。このような人々は、自分たちの立場を正当化するためにもっともらしい理屈を考えます。心理学者のジョナサン・ハイトが述べているように、人間は直感的にものごとを判断して、それから頭で理屈を探そうとするのです。

このような理由からも、**道徳論を展開しただけでは、人々の気持ちはまず変えられませ**

ん。「効果的である」とは往々にして、「自分は正しい」とみんなに思わせる術を持つことを意味します。人間は、「自分は尊重されている」と感じて安心している場合にかぎり、自分を顧みることをいとわないのです。

優れたチェンジメーカーは、敵対者の意見を聞き、その考えを認め、敬意を示すことにより、相手の警戒心を解いていきます。故エドワード・ケネディ上院議員はアメリカの歴史上でもひときわ優れた連邦議員ですが、それは、政府の役割をめぐって激しく対立する共和党議員とのあいだで胸襟を開いたからです。これと同じように、〈ハーレム・チルドレンズ・ゾーン〉のジェフリー・カナダ、〈ニュープロフィット〉のバネッサ・カーシュ、〈ティーチ・フォー・アメリカ〉のウェンディ・コップといった社会起業家も、党派を問わずさまざまな政治リーダーから支持を取りつけています。

もちろん、イノベーションを断行する必要も折々に生じます。アメリカでは一九五〇年代と六〇年代に公民権法を制定する必要に迫られました。とはいえ長い目で見れば、行動や姿勢をおおもとから変えるのは、法律ではなく人々の感情です。

実際、人々に過度の戸惑いや怒りを引き起こすような戦略は、失敗を避けられないでしょう。「異質なものを尊重しよう」という模範的な考え方を広めようとする際にも、稚拙な方法が取られることがあまりに多く、そのせいで反感を買っています。これとは対照的に、議論のとちゅうで頭に血が上った人を落ち着かせる、相手との溝を埋めて和やかに意見を交わすといった、拍子抜けするほど小さな手順が、視点の変化につながります。

●自分を犠牲にしなくていい

社会セクターの成熟が進むと、未知の道すじが見えてくるでしょう。一九九〇年代初めに何の束縛も受けずにシリコンバレーに移り住んだ人々は、インターネット・ブームの波に思い切り乗ることができました。これと同じように、お金のかかるライフスタイルにとらわれずに**身軽でいる人々は、社会起業のチャンスが訪れた時にそれをうまくつかめる**でしょう。

「市民も積極的に社会に参加しよう」という考えに共鳴するなら、どのような立場の人もいますぐに腰を上げられます。卒業や退職を待つまでもありません。**いま立ち上がり、変革の実現法を学べばよい**のです。職場、学校、近隣地域、家族、自分自身にイノベーションをもたらすことができます。献身を深めるためのシンプルな方法は助けようとする相手をよりよく理解し、思いやりと尊敬に満ちた関係を築くのに役立つ問題を、深く掘り下げることです。

社会起業をめぐって、肝心な点でいまだに深刻な誤解があるとすれば、それは「この仕事をするには無私でなくてはならない」という考えです。ジャーナリストは往々にして社会起業家をフィランソロピストとして紹介し、「自分を犠牲にしている」というイメージを生み出しています。

皮肉にも、わたしたちが知る社会起業家のほとんどは、仕事にやりがいを見出して楽しんでいます。逆に、調査によれば、医師、法律家、ジャーナリストなどの大多数は、仕事に不満を抱いているようです。より分別のある仕事を何年もした後で社会起業家に転身した人たちは、**「ハツラツとしていたいからこの仕事をしている」**と語っています。

ジョーダン・カサロウに尋ねてみるとよいでしょう。彼の会社〈ビジョンスプリング〉は、発展途上国の貧しい人々のために安価なメガネを提供しています。メガネをかけた顧客が「よく見える」と顔を輝かせる様子に接するたびに、カサロウは何ともいえない喜びを感じるといいます。今後彼は世界展開したいと考えており、その動機は「この喜びに何度も浸りたいから」という明快なものです。

の中に広がったとしたら？　そのステップが、「世界を変える」につながっている。「自分の存在は小さくなんてない」と気づく。

ぼくが「世界のつながり」を強く感じたのは、幼い頃の原っぱにある石をひっくり返したときだ。石の裏には、小さい虫や生き物がたくさんいて、きっと見えていないだけで、顕微鏡で見たら、もっといろんな微生物が動いているんだろうな。想像するだけでわくわく、ドキドキした。どんなところにも世界はあり、そして、つながっている。

だから、みなさんも自分の可能性を信じて、自分の中に起きた小さな“心のさざ波”に耳を傾け、自分の心のひだを大切にして、身のまわりの小さく思えるようなことの先に広がっている、大きな問題に意識を働かせてほしい。

きっと、その先に、あなたしかできない「世界の変え方」が待っているはずだから！

まとめ　**自分は誰かを必ず代表している。**
「わたし」から始めよう。

Point
by
井上英之

⑧ 一個人ができること

「社会にいいことを!」なんて思わない

「それ、ほんとうにやりたいの」って、思わず聞いてしまうことがある。
社会起業っていう言葉に、自分を限定しなくていいよ。いちばんしたいこと、わくわくすること、気になること、ってなんだろう? 企業の就職人気ランキングを見て、自分の進路を決めるように、「社会にいいことしなくっちゃ」で始めないでほしい。「社会にいいことを!」からではなくて、自分が出会ったこと、ほんとうに思っていること、そんな“心のさざ波”から始めよう。

本文で、大切なのは「自分を知ること」とある。冒頭で少しお話しした「マイ・プロジェクト」でも「Me編」がとっても大切だ。「プロジェクト」を語るときに、「私」という主語がないと、力強いものにはならない。“世界”はそんな遠い存在じゃない。ふと自分のまわりを見渡して、気になること、心ひかれる何かに、その対象になんらかの形でタッチしてみる。その瞬間、世の中と自分がつながりだしていく。

たとえば、序文でご紹介したKさんという女子学生。彼女は、日韓交流に興味を持って活動していた。でも、ちょっと待って。その前に、そういえば、「私、お父さんとうまく話せない」。自分にとっては、外国人以上に、遠い存在かも! そこで考えた「おやこくさい交流」というマイ・プロジェクト。どうしたら、お父さんとうまくコミュニケートできるんだろう、という試行錯誤がそこから始まった。

どんな人も、一見どんなに小さく思える課題でも、じつは、他にも同じような人がたくさんいる。絶対に、ひとりじゃない。ぼくたちは必ず、誰かを「代表」している。女性として、学生として、日本人として……。ここで学んだ方法のエッセンスは、きっと他の人たちにも応用できるはずだし、異文化交流にもつながる。
私がやってみてよう、探してみよう。新しい、「変化のつくり方」。それが、世

NOTE
by
井上英之

世界は「ひとりひとり」の力で変えられる

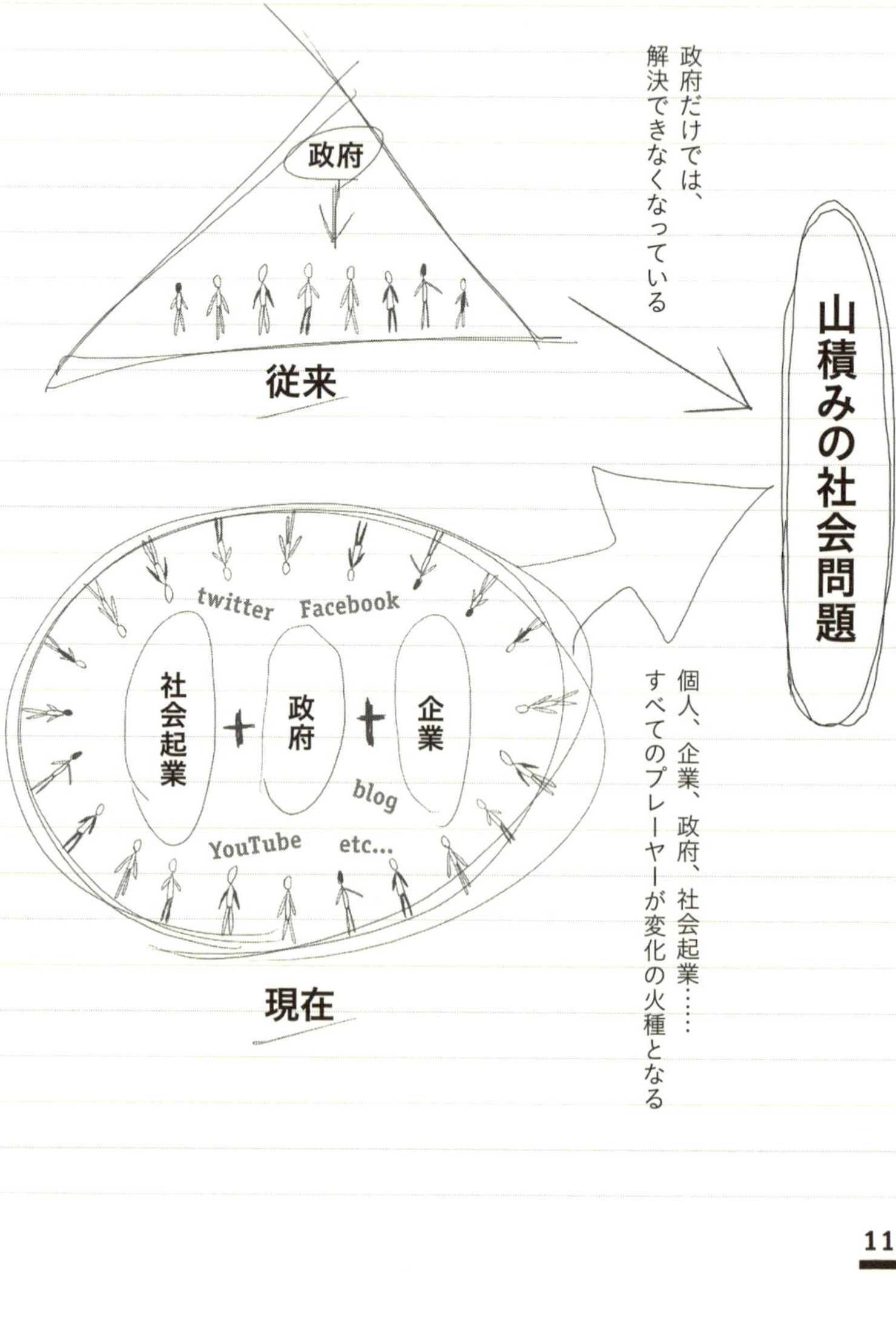

第二章

社会起業家の課題

～変化を起こすために知っておきたいこと～

現在の多くの社会起業家が直面している、具体的な「課題」とは何か？

「資金調達」「組織運営」「人材集めや採用」「成果の測定」「これまでの社会を支えてきた社会的な分業が引き起こした弊害」など、多岐にわたる。

この章の各項目では、課題の指摘にとどまらない、それぞれのテーマに関する、創意あふれる世界の最先端の試みを紹介している。現在進行しつつある、世界の変化の息吹を感じられるだろう。

わたしたちが、日常にもっている“常識”をいったん外してみて、それぞれの場所からどんな新しい動きがおこせるのか、アクションのための材料としたい。（井上）

① 資金をどう集めるか

●調達の一番の壁

一般に、初期資金をどう手当てするかが社会起業家にとっての大きなハードルだとされています。たしかに、新しいアイデアに初期投資や補助金などを得るのは決して容易ではありませんが、たいていの社会起業家にとっての難題は、起業よりもむしろ、事業をいかに軌道に乗せるかでしょう。**成長資金の調達が大きな壁**なのです。

ビジネス起業家は、いったん実績をあげたあとは、社債や株式を発行して、すでに確立した資本市場から資金を調達できますが、非営利組織を運営する社会起業家は**財団・基金、フィランソロピスト、政府などに資金を頼っており、そうした資金はたいてい期間が短く金額も小規模**です（補助金は一年かぎりというのが通例です）。

収益をあげる一部の社会的企業は、財務目標と社会的インパクトの両方を追求する「インパクト投資家」から資金を得ています。ですが、この種の資金調達市場は芽を出したばかりです。社会的な組織に巨額の成長資金を出す財団や基金はごく一握りにすぎません。

他方、政府は巨額の成長資金を賄えますが、組織そのものの成長に投資するよりも、**提供されたサービスに対し、対価を支払うことを好みます。**

中小規模の組織を運営する社会起業家は特に、政府から資金援助を受けることに対して消極的にならざるをえません。政府から求められる報告義務は膨大であるうえに、資金を得るためには政府の標準ガイドラインに合わせて組織スタイルを変更しなければならない場合もあるからです。さらには、実際に資金を得られるかどうかは、自分たちの成果云々よりも政治動向が物をいうため、見通しが立ちにくいという現状があります。

●フィランソロピストからの寄付

このような理由から、社会起業家の多くはフィランソロピストから資金を得ることを好みます。この場合はまた別の問題が持ち上がります。フィランソロピストは融通が利きやすいのですが、その半面、それぞれ独自の申請手続きや報告様式があり、ガイドラインも標準化されていないため、資金調達に時間とコストがかかってしまいます。そのうえ、ここでも資金を拠出してもらえるかどうかは、活動成果と関係なく決まる場合も少なくありません。多くの領域において、**成果はいまひとつでも名前の通った組織が資金を獲得しや**

すい状況が生じているのです。

このようにして、有望な組織でも資金不足とマネジメント不足に陥り、事実上、成長が止まってしまいます。〈グラミン銀行〉や〈BRAC〉など成功例の陰には、まともに資金調達ができず小さいままにとどまっている組織がたくさんあるのです。いわば、フェラーリが泥道を走るようなものです。

社会起業家が巨額の成長資金を調達できたなら、有能なビジネスパーソンが普段行っているように、数年間の成長プランを立て、プランを実行するための先行資金を調達し、事前に立てた目標と比較しながら実績を評価することができるでしょう。

「何をわかりきったことを」と思われるかもしれませんが、**プランをもとに活動することで組織の成果は何倍にも高まります。**事実、ベンチャー向けのビジネスプランのコンテスト（たいていは著名ビジネススクール主催の）に参加した社会起業家は、こぞって「有意義な経験だった」と感じています。

プランを立てるには、組織メンバーが一堂に会し、優先順位を決め、実行に際しての細かい点を煮詰め、漠然とした思いを期限の決まった目標へと具現化しなくてはなりません。自分の貢献が取り組みの全体図のなかでどう位置づけられるかがわかると、モチベーションは高まるものです。事務作業でさえも、共通の目標に向けて欠かせないものだとわかると、以前よりも大きな意味を持つようになるのです。

社会的な組織はともするとこのプロセスを見落としがちです。ひとつには、**ビジネスプランの作成経験がある人材が少なく、**それがネックになっています。もうひとつには、**利益ではなくソーシャル・イノベーションを追求する組織には、通常と違うビジネスプランを描く難しさ**があります。ビジネスプランには普通、市場の需要予測にもとづく収入予測がいくつも盛りこまれています。社会起業家がプランをつくるにあたっては、まずはどう変革するか理論を固めて、どうアイデアを広め、影響力を生み、人々の心を動かすかを検討しなくてはなりません。

おそらく最大の難点は、**プランづくりの効用そのものが信じられていないこと**でしょう。一般的な方法での資金調達がままならないため、ビジネスプランづくりが意味あるものというよりは、希望観測的なものにしか見られていないのです。ソーシャル・イノベーションのための資金調達法を改めれば、寄付が増えて成功への見通しがつけやすくなるでしょう。

② 組織をどう運営していくか

●支援を仕組み化する

組織を立ち上げるには、設立者、アドバイザー、評議員、スタッフなどをひとりずつ募っていくことになります。若い人の場合は、当初は級友、家族の友だち、インターンシップや仕事をとおして培った人脈などに支えられる例が多くなります。また、初期段階では、相談相手《メンター》や恩師の推薦が資金調達の足がかりになります。社会起業家に的を絞った奨励制度《フェローシップ》や授賞制度もありますが、まだ数はわずかです。ですが、これらは非公式な支援の流れを形づくっています。

この三〇年間、資金調達の方法は目覚ましく拡大しました。今日、支援を求める社会組織は選択肢が多すぎて迷ってしまうほどです。地域社会、家族、民間・公共の財団。社会起業コンペ。インパクト投資家。〈グローバルギビング〉や〈カナダヘルプス〉といったウェブベースの仲介者。ヒスパニックや障がい者など特定層の支援を目指す資金提供者。

主な支援組織

- 若者を対象とするユース・ベンチャー、ユース・アクション・ネット、ドゥ・サムシング。
- 大学向けに奨励制度を持つレイノルズ財団と、スコール財団
- 立ち上げ資金を提供するエコイング・グリーンとドレーパー・リチャーズ財団、アショカ（アショカは初期段階から成熟段階までの社会起業家を支援していますが、資金援助にあたっては、成長や影響力増大を加速させる機が熟した組織に重点をおいています）。
- 成長資金を提供するニュープロフィット、スコール財団、ジェネシス・グループ、ベンチャー・フィランソロピー・パートナーズ。
- ソーシャル・イノベーションを目指す60歳以上の人々に支援対象を絞っているシビック・ベンチャーズが設けたパーパス・プライズ。

※このほか、はっきりとうたってはいなくても、社会起業家を支援する基金や財団は少なくありません。たとえば、アショカのグローバル・アカデミー・フォー・ソーシャル・アントレプレナーシップのメンバーは全員、成長段階のどこかでフォード財団から支援を受けています。

〈ネット・インパクト〉や〈ソーシャルベンチャー・パートナーズ（SVP）〉などの社会的企業ネットワーク。

〈KIVA〉、〈MYC4〉、〈ドナーズチューズ〉など、ウェブ上の仲介者の成功に感化されて、多くの社会起業家が多くの人によるささやかな貢献を自分の力に変えています。オバマ大統領も選挙戦ではこの戦術を使い、政治資金集めの常識を破るとともに、記録的な資金を手にしました。しかも、小さな寄付をはじめた人たちは往々にして、**やがて多大な時間や熱意を費やすようになり、その価値は寄付そのものを遥かに凌ぎます。**

〈アショカ〉が支援の輪を広げる手法を見つけ出したのは一九九〇年代でした。世界中のフェローたちから、「市民から草の根的な支援を得ることができた」という知らせが続々と届いたのです（多くの場合、貧しい国でインターネットの恩恵もない状態でした）。

社会起業家は、オバマ大統領と同じように、**「真のイノベーションに加わりたい」という人々の熱い思いを呼び覚ました**のです。フィランソロピーやボランティアの習慣がない国では、文化的イベント、物々交換、会員制プログラムの設立、活動家のテレビ・ラジオ出演などをとおして支援の下地をつくりました。ひとりひとりの市民の貢献はささやかであっても、それらが集まれば、組織を築き、社会問題に大がかりに挑むのに十分でした。

社会起業家のあいだではこの二〇年、問題に対処しながら収益を得るために、事業戦略を取り入れる動きがさかんになっています。一九八〇年代半ば、グラミン銀行創設者のユヌスやBRACの創設者アベドといった人々が「バングラデシュでの社会起業家」と注目されていたころ、アメリカでは、〈ニューベンチャーズ〉のエド・スクルートと〈ナショナル・センター・フォー・ソーシャル・アントレプレナーズ〉のジャー・ボッシーが、影響力と持続性を高めるために事業戦略の活用を進めていました。同様の考え方は世界の他の地域にも根づきつつありました。一九九〇年代初めには、アショカ・フェローの三分の一以上が社会起業から収益をあげるようになっていました。

発展途上国における社会的企業の広がり方は目を見張るようなものでした。ただしこの趨勢《すうせい》は九〇年代末に勢いを増しましたが、すべての人がこれを歓迎したわけではありませんでした。インド、ブラジル、インドネシア、タイ、南アフリカでは、社会活動家の多くは左翼との関係が深く、ビジネスモデルの採用に懐疑的だったのです。

左派の懸念は、**「ビジネスの発想を取り入れると市民活動の精神から遠のいてしまうのではないか」**というものでした。人間としての価値より、費用対効果の分析に重きをおくようになるだろう、というわけです。片や右派は、「利益の追求こそ企業の存在理由である」というミルトン・フリードマンの言葉に従って、当初は無関心を決め込んでいました。社会問題の解決を目指すような企業に競争力があるわけがない、と信じていたのです。

●進歩する組織形態

この一〇年、理論と実践の両面で大きな進歩があり、以上のような議論は世界の何千もの企業で検証されてきました。バングラデシュの〈グラミン銀行〉や〈BRAC〉、アメリカの〈ショアバンク〉、インドの〈自営業の女性の会（SEWA）〉、タイの〈地域開発協会〉など、世界の主要な社会的な組織が、非営利、営利、ハイブリッド組織の特性を組み合わせて目覚ましい成果をあげています。

『クレイジーパワー』（ジョン・エルキントン／パメラ・ハーティガン著、英治出版）には、世界各地の社会起業家が、さまざまな組織形態のもとで医療、教育、テクノロジー、金融、環境保護などのニーズに対応する様子が活き活きと描かれています。

マシュー・ビショップとマイケル・グリーンの著書『フィランソロピー資本主義』（未邦訳）には、世界で最も裕福な起業家がビジネス手法と慈善活動を駆使して社会問題に挑む姿を紹介しています。イーベイ（eBay）の設立者ピエール・オミダイアは〈ベンチャー・フィランソロピー〉の「オミダイア・ネットワーク」を設立して、市場原理に沿って経済・社会の変革を加速させる取り組みに資金を提供しています。ビル・ゲイツはフィランソロピーの一環として、市場をいっそう「活用」して貧困層によりよく奉仕するという、従来以上に「創造的な」資本主義を応援しています。

社会的企業の活用は、有効なイノベーションに違いありません。**収益性の高いビジネスが急成長すれば多くが追随するようになります。**新規ビジネスが大躍進すると、たちどころに業界の再編を引き起こすことさえありえます。

対象が「受益者」から「顧客」に変わるということは、単に「無償」から「有償」サービスに変わる、というだけではありません。ことによれば、より顧客ニーズを重視した組織へと生まれ変わることさえ可能なのです。

たしかに、すべての企業が経営に秀でているわけではありませんし、社会財の多くは市場主義的手法に馴染まないでしょう。将来的にはおそらく、起業家たちがビジネスモデルを考え出して、スラム街の貧しい家庭にも手の届く医療保険、上質な教育、オーガニック野菜などを提供するでしょう。

ですがいまのところ、これらは実現していません。以上のような分野で新しい企業をつくっても、当面は損益トントンか、利益が出てもスズメの涙ほどにとどまるか、さもなければ補助金で凌がざるをえないでしょう。

ジェド・エマーソンは、社会目標と財務目標、両方を追求することを「価値融合（ブレンデッド・バリュー）」という言葉で表しました。この融合領域で活動する企業が増えると、資金調達の新たな方法、とりわけ、フィランソロピー、ビジネス、社会セクターの境界をまたぐ資金調達法が求められています。社会起業はこれまで、助成金に頼り切る（収益率はマイナス一〇〇％）か、純粋に市場からの投資に頼り切る（収益率は五％以上）か、ふたつにひとつでした。この状況では、幅広い投資機会が見逃されていました。

現在ではさまざまな団体（アショカのソーシャル・ファイナンシャル・サービス・プログラム、アキュメン・ファンド・インベスター・ギャザリングス、ソーシャル・キャピタル・マーケッツ〈SOCAP〉カンファレンス、南アジア・ソーシャル・エンタープライズ＆インベストメント・フォーラム、アスペン・ネットワーク・オブ・デベロップメント・アントレプレナーズ、グローバル・インパクト・インベスティング・ネットワーク）の取り組み成果をとおして、助成金、株式、低利融資、商業債務など多様な資金調達手段をどう組み合わせれば社会的インパクトを最大化できるかを、起業家と投資家が学んでいます。

それらを「価値融合」型の投資、つまり「インパクト投資」と呼び、グッド・キャピタル、グレイ・マターズ・キャピタル、KLフェリシタス財団、インベスターズ・サークル、インテレキャップ、ブリッジズ・ベンチャーズ、ドイツ銀行アイ・ファンドなどが主に取り組んでいます。

●インパクト投資の可能性

二〇〇九年に発表された『社会と環境への影響に投資する』という報告書において、インパクト投資は金融機関の「傍流」を脱して「主流」業務となりつつあり、二〇〇一年以降、とりわけクリーン技術、医療、マイクロファイナンス、スモールビジネスの立ち上げなどを促進するための資金支援が激増している、と書いています（最近では、フィランソロピー、政府補助、インパクト投資、資本市場などによってマイクロファイナンスが行われています）。

前述の報告書では、インパクト投資が発展するためには、今は欠けている成果指標、新たな金融商品、社会セクターの株式市場などを提供する新たな供給者が誕生する必要がある、と指摘しています。近年、ブラジルではサンパウロのボベスパ証券取引所が開設した環境・社会投資取引所（ＢＶＳ＆Ａ）や、南アフリカ社会投資取引所（ＳＡＳＩＸ）があります。直近では、シンガポール政府、アジア開発銀行、ロックフェラー財団の支援のもと、インパクト投資取引所アジア（ＩＩＸアジア）が設立されました。

フィランソロピーの分野でも、従来の市場メカニズムを活かして社会に利益をもたらそうという新たな動きが出ています。例をあげましょう。〈エンデバー〉という非営利団体は、発展途上国で利益追求型の起業家を支援しています。一九九七年に活動をはじめた時は、周囲から白い目で見られたといいますが、起業のハードルが高い国々の起業家を助けるために信用保証や人脈などを提供しており、支援先が生み出した雇用の量と質をもとに、活動の成果を測っています。

非営利のベンチャーキャピタル〈アキュメン・ファンド〉は、発展途上国の未発達な市場で医療、飲料水、住宅、エネルギーなどを提供する企業に、融資や株式投資をしています。こうした生活必需品を人々に届けるきわめて有望なサービスの一部は、市場メカニズムのもとでうまく機能しはじめているようです。

このような従来の垣根を越えた組織は、これまでのところあまり理解されていません。リスクと社会的インパクトを測る手法が欠けているため、投資市場が拡大しにくいからです。**「社会的な便益を追求している」というと利益を追い求める投資家は尻込みし、「利益」という言葉を口にすると助成金の出し手は不安を抱きます。**ですが、社会的企業と利益追求型企業との垣根は必ずしも明確ではないのですから、こうした組織はより理解されて然るべきでしょう。

アメリカのいくつかの州では最近、「低収益有限責任会社（通称Ｌ３Ｃ）」という法律上の形態が認められ、今後、定着していく可能性があります。L3Cという企業形態が設けられたのは、社会目的を掲げた企業への投資手続きを簡素化するためです（イギリスでは、これに似たものとして「コミュニティ利益会社〈CIC：Community Interest Company〉」があります）。現状では税制上の優遇措置はありませんが、次は当然、そのような措置が検討されるべきでしょう。

「社会をうまく変革するためには、どう資金を調達して組織を築けばいいのか」という問いからは、より深遠な課題が浮かび上がってきます。**それぞれの課題に最も適した法的制度と組織形態をどう選ぶか、という課題です。**これは単に、「企業、社会組織、政府のいずれが扱うべき問題か」「出資、寄付、助成金のどれで賄うべきか」を判断すればすむというわけでもありません。

市場と政府どちらかを二者択一的に支持する意見は政治論争ではいまも散見されますが、急速に時代遅れになりつつあります。**利益追求組織、非営利組織、政府を厳密に区別しても、もはや社会のニーズに対応できません。**人材や資本が昔ながらの境界を越えて自由に移動している今日では、先入観を捨てたほうが解決策を見つけやすいと言えるでしょう。

③ 優れた人材をどう集めるか

●ティーチ・フォー・アメリカから学ぶ

社会起業家は、限られた資源のもとで大きな問題に挑みます。この分野はまだ未成熟であり、組織の多くは発展途上にあります。旧来型の起業家は確立されたビジネスモデルをよりどころにできますが、社会起業家はともすると道しるべのないまま先へ進まなくてはなりません。このような理由から、社会起業はいまのところ**担い手の能力に左右される度合いが通常のビジネスよりも大きく、なすべきことは際限がない**のです。

社会起業家は差し当たり、人材を採用する際に一般企業並みの報酬を約束できません。その代わりに、人々を動機づけ、意義深い仕事を提供することによって人材を確保しています。優れた社会起業家は、じっくりと時間をかけて、「あなたの能力を活かせば重要な変革を成し遂げられる」と人々に納得させます。アショカ創業者のビル・ドレイトンなどは、この役割を何よりも重んじています。

ドレイトンは社会起業家を、**新しいアイデアを生み出すために「大量に人材を採用する**

人たち」と呼んでいます。もっとも、採用はほとんどが非公式なかたちで行われます。社会セクターではまだ、人材育成手法が確立されていないためです。

ソーシャル・イノベーションを掲げる組織のなかで唯一、〈ティーチ・フォー・アメリカ〉だけは、投資銀行やコンサルティング会社と並んで一流大学の卒業者を定期的に採用しており、有能な人材を公教育の分野に送り込むのに目覚ましい成果をあげています。その手法は模範的といえるでしょう。戦術のひとつは、狭き門をつくって**「あそこに採用されるなんて凄い」**という名声を生み出すことです。

もうひとつの戦術として、卒業生に母校で「世界を変えたと実感した瞬間」について語ってもらっています。また、〈アウトワード・バウンド〉や〈ピースコープ〉などと同じように、仕事をチャレンジと位置づける戦術も取っています。最後のポイントとして採用候補者は、同じく「正義」のために戦う仲間のコミュニティに参加することによって、生涯の友を見つけることができるのです。

●カリスマ性の限界

『カリスマ的な組織』（シャリー・サガワ／デブ・ジョスピン、末邦訳）では、人間と同じく組織にも性格や個性があると説いています。カリスマ的な組織は、理念にもとづいて活動し、試行錯誤を受け入れ、結果を重んじ、コミュニケーションを得意とし、人々を尊重する、といった特徴があります。活気に満ちた気風を培い、それがスタッフ、ボランティア、ボードメンバー、協力者などを磁石のように惹きつけるのです。ただし、「カリスマ的な組織」といえども、**こうした磁力だけではいったん惹きつけた人々をつなぎ止めておけるとはかぎりません。**資金面の制約がある社会セクターでは、人材をつなぎ止めておくのは特に難しいでしょう。そこで組織を成長させることと同時に、仕事の面白さややりがいを大きくしていく必要があるのです。合理的な資金調達と人材採用は表裏一体の関係にあるといえるでしょう。

いまのところ、世の中の風潮は社会起業家に有利な方向に変化しているようです。近年、アメリカとカナダの大学教員のあいだでは、「学生は、以前は長く勤められる安定した仕事に関心を示したが、最近ではワークライフ・バランスと働きがいを求める」という指摘が相次いでいます。ハーバード大学で一番人気を誇るのは、「幸せのつかみ方」を扱った講座です。そこでは、富の大きさではなく、意味ある仕事、素晴らしい人間関係、自省の時間、感謝の念を抱くことに答えがあると説いています。

この分野への関心が高まっている証拠として、〈ブリッジスパン〉、〈アキュメン・ファンド〉、〈エンデバー〉など名高い社会的企業には応募者が殺到しており、倍率はおよそ一〇〇倍にも上るといいます。二〇〇八年、ニューヨーク大学のレイノルズ・プログラム・フォー・ソーシャル・アントレプレナーシップには、一四の奨学生枠に対して一〇〇〇人以上もの応募がありました。主なビジネススクールではたいてい、**社会起業関連のサークルが高い人気を集めています。**

今度は年配者に目を転じてみましょう。シビック・ベンチャーズが六〇歳以上のソーシャルイノベーターを称える目的で二〇〇六年にパーパス・プライズという賞を設けたところ、数千件もの推薦が集まったそうです。こうして、第二の人生を奉仕に捧げたいと考える人々がいかに多いか、それまで知られていなかった事実が明らかになりました。

このような流れは、ベビーブーム世代の退職後の生活を一変させるかもしれません。人生の年輪を重ねてから社会起業に目覚めた人々の多くは、「第二の人生」のほうがこれまでの職業人生よりも充実していると語っているからです。

社会的な仕事への関心は、企業社会の中枢でも広まっています。インパクト投資の興隆についてはすでに述べたように、ＪＰモルガンが二〇〇七年に社会セクターへの投資部門を設けたところ、一〇〇〇人以上の従業員がこの部署への異動や支援を希望したそうです。

●採用の鍵は報酬額

とはいえ、ビジネスパーソンとして成功したいという願いは依然として衰えていません。学資ローンを抱えていたり、家族や周囲の期待を背負っていたりすると、高報酬の働き口があるのにそれを袖にするのは忍びないわけです。二〇〇八年春、ハーバード大学新聞『ハーバードクリムゾン』は四年生六〇〇人を対象に、将来のキャリアプランを調査しました。

金融機関、事業会社、コンサルティング会社を「夢の就職先」とするのは二〇%にすぎませんでしたが、四〇%はこれらの分野で働くつもりだと回答したのです。四人にひとりは芸術・アート関連あるいは社会への奉仕が夢だと述べていますが、それらの道を目指すのはわずか八人にひとりです。しかし、金融危機のあおりで目先の仕事の見通しは狂ってしまいました。ハーバード大学の「ソーシャル・エンタープライズ・カンファレンス

2009」は、会場に入りきれないほどの参加者を集めました。学生のあいだからは、「高報酬の仕事が消えてなくなったから、本当にやりたい仕事を選ぶことができる」という声が漏れてきました。

社会セクターのリーダーは最近になってようやく、**「企業と同等とはいかないまでも納得のいく報酬を提示すれば、人材獲得で正面から競争できる」**と気づきはじめました。かつては「誰でも、金銭的な報酬と仕事の意義、どちらか一方にしか関心がないだろう」という暗黙の前提がありました。社会セクターでは企業と比べて報酬が極端に低い例が多かったため、どちらの方向に進もうか迷っている人にとって、「意義深い」職業を選ぶのは金銭的にあまりに割が合わなかったのです。「労働市場での自分の価値よりも報酬が低くてもかまわない」という人でも、それ相応の評価は受けたいと考えるものだからです。

しかし、さきごろの金融危機があぶり出したように、**報酬の六〇%カットはともかく、三〇%カットなら受け入れてもよいという人はいる**でしょう。社会起業分野では今後、どの程度までなら収入面で妥協できるか——専門用語を使うなら、所得弾力性はどれくらいかを見極めることが大切になりそうです。

社会セクターでは報酬がしきりに話題にのぼっています。この分野ではリーダーが一〇万ドル、二〇万ドルの年収を得ることも珍しくなく、これより多い場合もあります。従来、財団や基金、メディアなどはこの高収入に眉をひそめてきました。

社会活動を評価する機関は、各プログラムの間接費の割合を比較して、二〇％以上の事例に注目します。ですが、このようなおおまかなデータを単独で用いたのでは意味がなく、有害にもなりかねません。「リーダーが高収入を得ている組織は非効率、あるいは倫理意識が薄い」という印象さえ生む一方、社会にどれくらいのインパクトをおよぼしているかという有意義な情報は示さないままに終わるのです。

いうまでもなく、金融危機を受けて財団や基金による助成金は絞られ、これからの数十年、収入格差は縮小していくでしょう。世の中から求められる組織の多くは、一般企業、金融機関、医療・法律・エンジニアリング分野など、報酬水準の高い分野からの人材を必要とするのは自明です。新しい種類の人材リクルーティング会社である〈ブリッジスター〉、〈コモングッド・キャリアズ〉、〈オンランプス〉などはすでに、融合型キャリアという成長分野での人材紹介に乗り出しています。

社会的な仕事をする人々は依然として、その栄誉と引き換えに低めの収入に甘んじなくてはならないですが、**格差は過去と比べればさほど心を痛めるほどではなくなる**でしょう。それに、社会的企業の構築に優れた手腕を発揮した人は、豊かな生活を送れるようになるのです。もっとも、彼らの多くは自分たちの使命から逸れないように、収入を一定以上には増やそうとしないでしょうが。

●人材の層は厚くする

なお、**社会起業家は、人材の層を厚くすることにいっそう力を入れる必要があります。**世界を変えたいと願う組織は、内部の人材にも、試行錯誤をとおして自分たちの可能性を発見する余地を与えなくてはなりません。これはつまり、たとえ実を結ばなくても率先して新しいアイデアを試した人材を、褒め称えるということです。

自発的にものごとに挑戦するおおぜいの人材の心を刺激しつつ、しかも、バラバラにならないように全員をまとめあげるのは、マネジメント上の込み入った仕事ですし、ことによっては組織内部に緊張を生むかもしれません。ですがこれは、社会問題の解決に市民ひとりひとりが熱心に取り組む世の中をつくるという、世界規模の挑戦の縮図だといえるでしょう。

④ 成果をどうはかるのか

●評価が難しい教育分野

すでに書いたとおり、従来のソーシャル・イノベーションのプロセスで弱点だった「成果重視」と徹底的に対峙するのが、社会起業の特徴です。学校の補習を例に考えてみましょう。アメリカ連邦政府は、成績、特に読解と算数の成績が思わしくない生徒を支援するために、年間数十億ドルを費やして補習を行っています。残念ながら、大規模な調査によると、こうした補習プログラムのほとんどは成績向上につながっていないそうです。

しかし、例外もあります。一部には抜きん出た実績をあげているプログラムもあり、それらに共通するのは、自分たちの成果をきちんと追跡している点です。そのひとつＢＥＬＬ（Building Educated Leaders for Life）は、実績あるカリキュラムを活用するほか、教え手にも優れた研修をほどこして賞に輝いたほどで、補習を受けた生徒の読解と算数の成績は著しく伸びています。

ＢＥＬＬは、生徒たちの年間の進歩だけではなく、週ごとの進歩状況まで把握しています。誰かがカリキュラムについていけなくなると、赤信号のフラグが立ち、BELLではその生徒におくれを取り戻させるために全力を挙げます。BELLと競合関係にある補習機関も、たいていは出席生徒数や各自の出席時間数を把握していますが、各自の学習成果まではつかんでいません。

政府の認定を受けた補習機関の大多数は、BELLほどサービスの質に注意を払っていません。しかし、だからといってBELLが特別に政府から優遇されているわけではありません。報酬も他と横並びですし、補習の必要性のとりわけ大きな学校を優先的に担当するわけでもないのです。もっと意識的に考えれば、BELLの偉大な成果は評価や褒賞の対象になり、模倣もされるはずです。ですが、何度も述べているように、**社会セクターでは凡庸な組織が優れた組織を押しのける例も少なくありません。**多くの社会起業家が、このような現状を何とか変えようと努力しています。

主要科目の試験結果を参考にするのは、教育成果を把握する方法のひとつにすぎず、しかもすべてを把握できるわけではありません。アルバート・アインシュタインは**「大切なことがすべて測定できるわけではなく、測定できるものがすべて大切なわけでもない」**という標語を書斎に掲げていたといいます。これは社会セクターにぴったりの表現です。よく知られているとおり、この分野の成果をはかるのはとても難しいのです。

ビジネスの世界では、コーヒーを売るにせよ、クルマを売るにせよ、成果をＲＯＩ（投資利益率）へと集約させることによって、その会社の財務業績を評価できます。ですが、たとえば〈プレイワークス〉のような組織の場合はどうでしょうか。〈プレイワークス〉は、子どもたちにおおぜいの仲間との遊び方、わがままの抑え方、校庭でもめごとが起きた場合の解決法などを指南しています。

心理学者のなかには、これらはこころの知能指数（ＥＱ）を伸ばす取り組みであって、学業成績よりもこちらのほうが人生での成功につながりやすい、と考える人々もいます。にもかかわらず、成果をはかるのがとても難しいため、この教育分野はほとんど注目されていません。

社会セクターの活動成果を長期的な視点からはかるとなると、ハードルはいっそう高くなります。**社会起業家が掲げる最も高い目標には、障がい者、地球温暖化、同性婚といった問題への社会の姿勢を変えること**などがあげられます。社会全体の姿勢を変えるには、一般には何十年もの歳月を要するため、実際にどのような理由でどう変化したかを見極めるのは不可能にちかいでしょう。しかも、社会セクター内での成果を比べるのは、気の遠くなるような難題です。児童教育と大学進学、あるいは酸性雨林と漁場と草原地帯それぞれについて優先順位をつけるのは、不可能なように思われます。

これらはあまりに難しい問いであるため、資金提供者はえてしてそこから目を逸らして、具体例、個人的な嗜好、政治上の要請などをもとに判断を下します。とはいえ近年では、資金提供先の前進を、自分たちで決めた目標と対比しながら測定するような、体系的な手法を取り入れはじめています。

●成果測定に力を入れ始めた財団

社会起業家に成長資金を提供する〈ニュープロフィット〉は、ハーバード・ビジネススクールのロバート・キャプラン教授が考案したバランス・スコアカードを使って成果管理を行えるよう、投資先を支援しています。〈エドナ・マコネル・クラーク〉、〈ロバート・ウッド・ジョンソン〉、〈ウィリアム&フローラ・ヒューレット〉などの各財団は、大規模な財団のなかでも特に、成果測定に力を入れています。社会的な組織は、資金提供者からの圧力がなければ、ともすると予算や奉仕相手の数がどれだけ増えたかという素朴きわまりない方法で成果をはかり、それで満足してしまいます。このため、ダメな補習校は毎年、より多くの生徒の時間をムダにしておきながら、「成果をあげている」と大手を振るわけです。

こうした成果尺度がいかに無意味であるかは、いまから一五年前に〈ザ・ネイチャー・コンサーバンシー〉が有名な出来事をとおして世に広めました。この環境保護団体は長年、募金額と保護対象地域の広さを成果尺度としていました。ところが一九九〇年代には、これらの**数字の増大にもかかわらず、保護地域内においてすら生物の絶滅率が上昇してしまった**のです。この事実の発覚を受けて、〈ザ・ネイチャー・コンサーバンシー〉は評価尺度の見直しを迫られました。何年も費やして、生物多様性の健全度や絶滅危惧の緩和などをはかるために新たに数十の指標を開発しました。すると、組織の上から下まであらゆる階層で判断のくだし方が変わったのです。ここからは、「何を測定するかに応じて、行動のしかたは変わってくる」という教訓が得られます。ですから、正しい測定基準を設けることが重要なわけです。

こうした発想は社会貢献投資の分野に活気をもたらしています。**社会貢献投資とは、社会、環境、財務、三分野の成果、つまり「トリプル・ボトムライン」（ジョン・エルキントンによる造語）を追求する企業への投資を指します。**社会起業の分野では、世の中へのインパクトを収益につなげるために工夫する際には、資金集めよりも、組織目標と直結する成果が重視されています。この先陣を切ったREDF《レドフ》とその共同設立者ジェド・エマーソンは、一九九〇年代に「社会的投資利益率《ソーシャル・リターン・オブ・インベストメント》（SROI）」をはかるためのツールを開発しました。

このフレームワークによると、たとえば、「就業のための福祉」という就業促進プログラムを実施した場合には、政府支出の減少と税収の増加が見込まれ、それはそのままプログラムの成果として捉えることができます。成果額をコストで割ればＳＲＯＩを算出できます。政府の支出削減につながるプログラムの成果をはかるうえでは、とりわけ有用なツールでしょう。


ワシントン州の公共政策研究所は近年、州レベルでこの考え方を取り入れて、犯罪防止プログラムの収益性を予測しています（保護観察処分中の若者ひとりに家族療法をほどこした場合、この投資の「正味現在価値（ＮＰＶ）」は五〇万ドルにのぼるそうです）。ただし問題は、長い目で見て支出が削減でき、それが現在の価値でどれくらいになるかを示したとしても、二年おきに選挙を迎えてしまう議員からはあまり関心を持たれないことです。

『共有型評価尺度のブレークスルーと社会へのインパクト』という報告書には、社会的企業の成果をはかるためのウェブベースのシステムがいくつか紹介されています。報告書の作成者は、これら測定モデルの登場は「社会セクターのビジョンや成果に重大な変化が生まれることを予感させる」と主張しています。

モデルのひとつは〈グローバル・インパクト・インベスティング・ネットワーク〉の

「ＩＲＩＳ」です。これはロックフェラー財団がデロイト・コンサルティングとプライスウォーターハウスクーパースの協力を得て開発しました。もうひとつ、「パルス・ポートフォリオ・マネジメント・システム」（以下、「パルス」）というモデルは、〈アキュメン・ファンド〉が先頭に立って、グーグル、スコール、ケロッグ、ロードスター、セールスフォース・ドット・コムなどの後押しのもとで開発したものです。「パルス」は社会的企業の財務、業務運営、社会、環境面の成果を、一般的な指標と個別レポートをもとに評価します。収益率は低くても社会に大きなインパクトを与えられればよいと考える投資家を対象に、判断の簡素化を助けるのが目的です。

〈アキュメン・ファンド〉で「パルス」の開発を率いるブライアン・トレルスタッドは、『社会的企業のためのシンプルな評価尺度』という記事において、社会的投資の成果をどうはかるかという問題を社会セクター全体として解決できる日は遠くない、と書いています。彼によれば、**最大の難関は関係組織がいかに力を合わせ、情報を共有するか**だということです。

もしこれがうまくいけば、標準化団体、認定協会、さらには社会的企業の格付機関までもが追随するでしょう。すると、旧来型の投資がインパクト投資として誤って推奨される事態も、防げるはずです。

●ティーチ・フォー・アメリカの成果指標

長期的なインパクトを追求する組織は往々にして、イノベーション理論をもとに進展を評価しようとします。ふたたび〈ティーチ・フォー・アメリカ〉を考えてみましょう。この組織は、大卒者を採用して、所得水準の低い地域の公立学校に二年ほど教員として送り込む活動をしています。目的はすべての子どもに質のよい教育を受けてもらうことです。そのためには、第二次世界大戦後に中産階級が都市部に流入したことで生まれた問題、つまり、あとに残されたマイノリティの多い地域では税収基盤や政治的影響力が衰えてしまい、何十年ものあいだ学校の荒廃がつづいている、という問題に対処しなくてはなりません。

〈ティーチ・フォー・アメリカ〉は、年に数千人を教員として派遣しても、それだけではこの問題は解決しないと考えています。むしろ、「教育界が抱える課題を理解して現状を打破したい」という志を持った一流大学の卒業生を、あらゆるレベルの教育機関にリーダーとして送り込もうというのです。ですから、**公教育分野のリーダー役を担う人材をどれだけ輩出できたかを、成果指標としている**のです。

高い成果をあげる組織はみな、「これ」という成果指標を持っています。〈アショカ〉は、おのおの分野でイノベーションを果たしたフェローの人数。〈グラミン銀行〉は、融資相手に占める貧困脱出者の比率です。

ソーシャル・イノベーションの成果を意味ある数字に置き換えるのは、いうなら職人技のようなものでしょう。貧困がどれだけ減ったかは、収入水準だけで判断できるほど単純なものではありません。貧困には、客観的な側面と主観的な側面の両方があるからです。〈グラミン銀行〉はこの点を理解したうえで、農村生活者の意見をもとに、貧困から脱出したかどうかを見極めるための指標を設けました。その指標には、トタン屋根のある家に住んでいるかどうか、寝具、衣類、蚊帳などを持っているか、清潔な飲み水が手に入るか、衛生的なトイレは身近にあるか、子どもがみんな学校に通っているか、収穫を控えた時期にも食べ物に困らないか、といった点が反映されています。

とはいえこのような洗練された指標でさえも、すべてのインパクトを把握できるわけではなく、抜けやモレはどうしても生じてしまいます。たとえばバングラデシュでは、マイクロファイナンスの普及を追い風にして、女子生徒の就学率が以前よりも高くなっていいます。世界的に見て、社会の幸福度の高さを最も一貫したかたちで示すのは女性への教育普及度です。マイクロファイナンスに付随するこの利点をどう評価すべきかは難しいのですが、あらゆる利点のなかでも影響の幅広さの点ではこれが一番かもしれないのです。

グラミン銀行の評価指標

memo.
融資相手がどれだけ、貧困から脱出したのか。
収入水準などの客観的な側面に加え、
それを補う、主観的な側面も合わせた成果測定をする

- ☑ トタン屋根のある家に住んでいるか
- ☑ 寝具、衣類、蚊帳などを持っているか
- ☑ 清潔な飲み水が手に入るか
- ☑ 衛生的なトイレは身近にあるか
- ☑ 子どもが学校に通っているか
- ☑ 収穫期前の時期も食べ物に困らないか

**それでも、すべてのインパクトを把握できるわけではない。
データと実例を組み合わせながら、
原則とする価値観に基づいて、実情を把握する**

この項の締めくくりに、アインシュタインの警句を引用しましょう。アインシュタインは、感情を無視して知識ばかりに頼ってはいけないと考え、次のような言葉を残しました。

——知性を神のように見なさないよう、気をつけなくてはいけない。いうまでもなく、知性は強力な武器ではあるが、人間性を備えてはいない。役には立つが、それに支配されてはいけないのだ。

世界を三次元で捉えるためにはふたつの目が離れている必要があるのと同じように、社会起業家が仕事のほんとうの成果を世の中に伝えるには、**データと実例を組み合わせ、理性と感情の両方に訴えかけなくてはなりません。**読解の成績が向上したと伝えるのと、初めてひとつの文を読めるようになった時に少女の瞳に宿った輝きについて語るのとでは、インパクトが違うわけです。

オーケストラ指揮者で音楽教育にも携わるベンジャミン・ザンダーは、聴衆が自分の指揮をとおしてクラシック音楽の魅力に目覚め、目を輝かせた時に、「よい仕事ができた」と思うそうです。この方法でこそ、仕事をしてすぐに、客観的で確かな評価ができます。これは大切なことですが、数字では表せません。

●ウォルマートを巻き込む

ジェフリー・ホレンダーという人物がいます。環境にやさしい家庭用洗剤をいち早く市場に送り出した一億ドル組織、〈セブンス・ジェネレーション〉の創設者です。そのホレンダーは、無償でウォルマートの顧問を引き受け、巨大小売チェーンのウォルマートの品揃えを環境にやさしいものに変える手助けをしています。

この活動の一環として彼は、自分の会社と競争してはどうかと、世界最大の企業ウォルマートにもちかけました。企業家の多くは「何と愚かな」と考えるでしょう。ですがホレンダーは、〈セブンス・ジェネレーション〉よりもウォルマートのほうが、環境を守る力が遥かに大きいはずだと心得ていました。最も高い次元では、**社会起業家にとっての成功とは、それぞれの分野で最大あるいは最良の組織を築き上げることではありません。その分野で変革を起こせるかどうか**なのです。

規模に着目した調査のほとんどは、組織の規模に重点をおき、成長途上にある組織の資金調達やマネジメントをどうするかといったテーマを扱っています。たしかに、これは重要な問題です。社会セクターは素晴らしいアイデアの宝庫ではありますが、大規模な組織はとても少ないですから。ですが、組織の規模とインパクトの大きさはぜひ区別すべきでしょう。このふたつは必ずしも比例しないからです。

一九八八年、アラン・カゼイとマイケル・ブラウンが若者のメンターが高校生をサポートする組織〈シティ・イヤー〉を設立して、全国規模の社会サービスプログラムが社会を変えることを示そうとしました。こうしたプログラムは、議員や哲学者が一〇〇年以上も前から支持していましたが、政治的に大きな勢力にはなっていませんでした。議員や一般の人々にとって魅力的なものにする必要があったのです。

〈シティ・イヤー〉は、都会の若者の熱意と創造性を社会のニーズと結びつけました。メンバーは、それぞれ赤、黄、黒などの目立つジャケットに誇らしげに身を包み、敬意、チーム精神、規律などを骨の髄まで染み込ませ、こうした組織のカリスマ的な使節になりました。ビル・クリントンは一九九二年の大統領選挙運動中に〈シティ・イヤー〉を訪問した際、強い感銘を受け、この組織からヒントを得て国民参加によって社会問題の解決を目指す〈アメリコープ〉を構想したといいます。〈アメリコープ〉は連邦政府の取り組みとして始まり、六〇万人を超えるボランティアを動員しました。

二〇〇九年四月にオバマ大統領は、故エドワード・ケネディ上院議員が中心となって起草したサーブ・アメリカ法案（アメリカに奉仕しようという法案）に署名して成立させました。これによって、〈アメリコープ〉の参加者は三倍に増えて中高年のボランティア機会が増える予定です。〈シティ・イヤー〉の先駆的な努力、自分たちの知識を世の中に広めようという意気込み、カゼイとブラウンによる二〇年以上におよぶ支援がなければ、この法律は決して成立しなかっただろうと述べても過言ではないでしょう。

一九九〇年代初めの時点では〈シティ・イヤー〉は小さな組織でした。それなのに並外れたインパクトを持ちえたのは、直接的な活動範囲よりも、その影響力に理由がありま す。レスリー・クラッチフィールドとヘザー・マクラウド・グラントは『善をなす力』(未邦訳)において、**遠大な影響力をおよぼすのは、外に目を向けて思考の翼を大きく広げる組織**だと書いています。自分たちの取り組みを資料にして公表し、人脈、連合組織、提携、運動などをとおして社会規範や政策を形成することによって、勢力を拡大していくのです。

●規模と持続性の関係

もちろん多くの場合、規模に合わせて影響力も増大していきます。ですが大多数の組織は、「規模そのものをどう拡大するか」ということにしきりに頭を悩ます一方、「どうすれば、直接のつながりがないところへも変化をおよぼせるか」を考えません。最もダイナミックな組織は、この課題に徹底的に焦点を当てています。

ある組織が大きな成果をあげていると、人々はその組織に「持続性があるか」という疑問を抱きます。答えは一般に、活動を続けていくための資金を毎年調達できるかどうかにかかっています。

規模と同じく、持続性についてもふたつの捉え方ができるでしょう。組織の持続性とアイデアや理念の持続性です。わたしたちが持続性という時、ふつうは個々の組織の持続性を指しています。これは窮屈な発想です。森ではなく木の寿命を問題にするようなものでしょう。どちらも重要ではありますが、木が倒れて土へと返っていくように、組織も成長と衰退のサイクルを経ます。一部の組織は再生への道を見つけ、一部は消滅します。持続性を考えるにあたっては、木ではなく森に焦点を当てることが大切です。

かつて、マイクロファイナンスの将来は〈グラミン銀行〉の運命にかかっていました。今日では、マイクロファイナンスの先行きはどこかひとつの組織に依存してはいません。「大きすぎて潰せない《トゥー・ビッグ・トゥ・フェイル》」ような組織は存在しないのです。もし〈グラミン銀行〉が倒れれば、融資先やスタッフは間違いなく困るでしょう。ですが、やがてはほかのマイクロファイナンス企業が彼らを吸収するはずです。種子がここかしこに飛び散り、やがて森を生み出したのです。**理念が広く受け入れられたため、その活力によって森が生き続けます。**

このような変化が生まれたのは、〈マイクロクレジット・サミット〉の事務局長でもある社会起業家サム・デイリー・ハリスの尽力によるところが大きいでしょう。〈マイクロクレジット・サミット〉は、何千もの独立組織の連携を助けてグローバル運動へとつなげ、設立から一〇年も経たずして壮大な目標を実現しました。

今後、より新しいより優れたマイクロファイナンス組織が登場するでしょう。なぜなら、やればできることも、その方法や意義もわかっているからです。**組織の改善や刷新が次々と行われるようなら、その分野はほんとうの意味で持続性がある**といえます。

⑤ 変革の妨げは何か

●分業がもたらした壁

アダム・スミスは『国富論』の中で「社会の生産力が増大したのは、何より、「分業」によるものだ」と記しています。小さなピン工場を引き合いに出して、各人がピンを最初から最後まで仕上げるのではなく、それぞれが作業全体のごく一部を引き受け、やがてそれをまとめあげると、一日に数百本ではなく数千本を生産できる、と説明しているのです。

アダム・スミスの洞察は産業革命の理論的な枠組みになりました。二〇世紀初めには、この考え方は産業界で広く取り入れられました。フレデリック・テイラー『科学的管理法』（未邦訳）においても、「細かい作業の割り当て」と「手順の標準化」が生産効率を最大限に高めると提唱したからです。

ですが、分業の概念の影響範囲は工場の組み立てラインだけにとどまりませんでした。やがて社会全体にまで広がったのです。分業と作業の自動化が一般的になると、さまざまな業界、職業、セクターの人々がさらにその方向へと進んでいきました。

たとえば今日では、企業、社会的な組織、政府機関のあいだの人材の行き来は少なく、閉ざされています。政府機関どうしの人材交流も稀にしか行われず、縦割りになっています（9・11同時多発テロの調査委員会は「政府全体での情報共有が行われていなかった」ことが国家安全保障を大きく脅かしていると述べています）。

いうまでもなく、分業がなされていなければ、わたしたちはコンピュータやワクチンにはとても手が届かなかったでしょうし、心理学や航空学を深く理解する機会もなかったでしょう。先進国で多くの人々がこれほどの豊かさを享受することもなかったはずです。その反面、**各分野、業界、セクターが組織の壁、意識の壁で隔てられているため、包括的な解決策を編み出す妨げになっているのもまた事実**です。

貧困者が健康を害するのは社会的な環境のせいである場合が多い、とされています。湿気や汚れにまみれたゴキブリの巣窟のような家に住み、栄養価のある食べ物や医薬品、暖を取るための燃料などを買うゆとりのない家計が原因だといわれています。

アメリカの貧しい地域にある病院は、糖尿病、ぜんそく、肺感染症、栄養失調などの子どもを頻繁に治療していますが、病気の根本原因にはまったく対処しないままです。ソーシャルワーカーは激務にさらされているため、きわめて深刻な虐待や育児放棄のほかには手が回っていません。

アメリカの医療は個人別医療を基本にしています。そこでぜんそくの子どもを抱えた貧しい母親は、小児科医、栄養士、アレルギー専門医、理学療法士、医療保険の専門家、ソーシャルワーカー、スポーツジムのインストラクター、果ては環境保護庁（ＥＰＡ）の汚染検査官まで個別に相談しなくてはならないかもしれません。しかも毎回、通訳に同席してもらう必要があるかもしれないのです。解決策があちらこちらに散らばっているため、すべてを集めるのは気の遠くなるような作業です。

多くの社会問題に断片的に挑んでも意味がありません。たとえば社会サービスに携わる人々は、低所得地域の住民の健康状態を改善する切り札は、清潔で安価な家に住めるようにすることだと主張しています。ところが、医療制度と住宅供給制度は独立して動いており、互いのつながり（相互連携）はほとんどありません。

そこで〈プロジェクト・ヘルス〉という革新的な組織は、学生ボランティアを病院に派遣して、通常の診断や治療の折に社会環境の診断も行えるよう、医師をサポートすることにしました。メイヨークリニックなど一部の病院も、協働型医療を実践して、医師とその他の医療関係者が患者の情報を共有できる仕組みをつくっています。低コストで上質の医療を実現しているわけです。ですが、〈プロジェクト・ヘルス〉やメイヨークリニックはあくまでも例外的な存在です。

人間のニーズにまで分業を適用するのは馬鹿げた考えにつながるものです。たとえば、七五歳以上を対象に高齢者施設が設けられています。このような施設では高齢者支援サービスを提供しやすいですが、他方、健康や幸せに欠かせない世代間の交流は図れません。子どもたちの教育も年齢別になっていて、年長者や年少者と接する機会は限られています。障がい者は社会から隔てられがちです。

高齢者施設、中学、障がい者施設は、人間をできるだけ効率的に処理しようとして、まるでピンのように扱っているのです。いまの時代はこれが自然だと考えられていますが、ガンジーが述べているように、習慣になっているからといって自然だとは限らないことを我々は肝に銘じておくべきでしょう。

社会がいくつもの専門分野に分かれているため、キャリアパスも横方向ではなく縦方向へと伸びています。ですから、それぞれの分野や業界で信じられている中身は疑問を差し挟まれず、むしろ「常識」としていっそう強く信じられるわけです。

自分の世界観に挑むような人と付き合ったり、人間関係をとおして他の集団を理解して共感を抱いたりすることは稀です。大きな盲点を抱えている場合も少なくありません。

たとえば食料、大気、水などに混入するダイオキシンや水銀の最大の出所が医療セクターだというのは、耐えがたい矛盾ではないでしょうか。病院の経営者は、購買やゴミ廃棄をめぐる自分の判断が有害物質を広める結果につながっているなどとは、思いもしないかもしれません。同じように、環境保護を唱える人々は、暮らしへの影響を十分に考慮しないいまま、より強硬な環境保護法の制定を訴えるかもしれません。警察は法律に違反した人たちを罰することに躍起になりますが、当人を更生させるために家族を巻き込むという大切な取り組みは、ほとんどしません。

アメリカとカナダでは現在、世の中の分断がいたるところで進んでいます。郊外で育った若者は、大学に入るまで貧者を実際に目の当たりにすることさえないかもしれません。他人の立場に身をおくことのできない人が増えすぎると、世の中の分裂が進み、政治が停滞するでしょう。

●融合することで解決する

イノベーションを起こすには、知識を組み替える必要があります。料理の量や回数を増やすだけでなく、新しいレシピに挑戦するのです。専門分化を重んじる社会では、知識が断片化していますから、それらをまとめるうえで起業家が重要な役割を果たします。**起業家精神あるいは進取の精神とは、融合のプロセス**なのです。

アップル創業者スティーブ・ジョブズは、プロセッサー、GUI（グラフィカル・ユーザー・インタフェース）、初期の表計算ソフトなど、家庭向けコンピュータを安価で使いやすく便利なものにするツールを、自分で開発したわけではありません。ですが、これらをまとめあげひとつのものにしたのです。

社会起業家はいろいろなものを創意工夫によって組み合わせて、解決策を編み出す余地を生むのです。彼らが何かの「専門性」を持っているとしたら、それは、本来接点を持たなかったはずの人々をつなぐことでしょう。

エブー・パテルは、シカゴを拠点に〈インター・フェイス・ユース・コア〉を設立して、社会問題の解決に向けて信仰の異なるさまざまな人々を結束させました。この仕組みは、9・11後の世界でいかに信頼、尊敬、協力関係を築くべきか、手本を示しました。

ジェラルド・シャータビアンはウォール街で働いていたあいだ、〈ビッグブラザー〉のボランティアとして何年も低所得者の若者の相談相手を務めていました。彼はふたつの視点を持っていたため、両組織をつなぐにはどうすればよいかを心得ていました。彼が設立した〈イヤーアップ〉という組織は、これらの若者が企業に勤めてキャリアを積めるよう、手助けをしています。

このようなコラボレーションをテコに、今日ではいくつもの有望な動きが生まれています。たとえば最近、一部のビジネススクールでは、すべてのコースでサステナビリティの問題を扱ったり、さまざまな学部から学生を集めて学部横断的な社会起業関連プログラム（TED、ポップテック、グッド・エクスペリエンス・ライブ、アスペン・アイデア・フェスティバルなど）を設けたりしています。

世界経済フォーラム（ダボス会議）も、社会起業家に徐々にではありますが門戸を開きました。行動派を重視する〈クリントン・グローバル・イニシアティブ〉は、企業リーダー、フィランソロピスト、政策立案者、社会のイノベーターを結びつける機会を設けています。オバマ大統領がホワイトハウスに「社会イノベーション・市民参加局」を設けたのも、社会起業家の知見を高次の政策立案に役立てるためです。

〈ハーレム・チルドレンズ・ゾーン〉の設立者ジェフリー・カナダは、ハーレムの広い地域で互いに関連するいくつもの社会問題に対処するには、子育て、幼児教育と小・中・高教育、大学進学、医療と健康、地域の団結、政治参加など、いくつもの領域で並行して人々に手を差し伸べる態勢が必要だと心得ていました。お腹をすかせてやつれた様子で登校してきた生徒は勉強どころではないことを、よく知っていたのです。〈ハーレム・チルドレンズ・ゾーン〉の活動は、アメリカでひときわ重要な社会実験だと見なされています。その成果からは、**社会問題の解決については、分業ではなく、仕事をまとめていくことが前進する道**だということがわかります。

第三章

社会起業家の基礎知識

～いま、なぜ必要なのか～

社会起業家とは、いったい何者なのか？

この章の前半は、特に米国の社会での、社会起業家の歴史的な背景や文脈を描いている。いうまでもなく、どんな社会にも同様な文脈は存在している。わが国の場合と比較しながら読んでみるのもおもしろい。

後半では、あらためて、社会起業家の役割や、彼らに必要な資質、一般的な起業家との共通点・相違点、政府や社会活動家との違いなど、彼らの特徴を整理している。そのうえで、この動きのより大きな意味を、人類社会や民主主義の流れの中で捉え直してみよう。未来のかたちが見えてくるのではないだろうか。（井上）

①社会起業家の誕生

●社会起業とは何か

世界を変える仕事――社会起業とは、社会問題を解決するために新しい組織をつくり出したり、あるいは既存の組織を改革する仕事です。ここでいう社会問題とは、たとえば、貧困、病気、環境破壊、人権侵害、組織の腐敗などを指します。これらを解決して、多くの人々の暮らしをよりよいものにしようというものです。

学者、実務家、フィランソロピストらは、職業、分野、運動などさまざまな観点からこれをとらえています。いちばん広く引用されるのは、「社会起業教育の父」との呼び声が高いグレゴリー・ディーズによる定義でしょう。

ディーズは、ジャン=バティスト・セイやヨゼフ・A・シュンペーターら経済学者による「起業家は社会の生産能力を高めて『創造的破壊』を引き起こし、ひいては経済を変革へと駆り立てる」という考え方を引き合いに出して、社会起業家は社会を変革するためにこれと同じ役割を果たすと主張しています。**人やその他の資源を新たなかたちで結びつけることで、彼らは問題解決への社会対処能力を強化する**のです。社会起業家の特徴は、公共の価値を創造し、新しい機会を常に探求し、絶え間なくイノベーションを起こし、状況に適応し、大胆に行動をし、あらゆる資源を最大限に活用する、強い責任感を持つ人物だとディーズは述べています。

ディーズは、アメリカでは企業の発展と変革をめぐっては、主にふたつの考え方があるとしています。一方は、組織戦略、収益確保、財務計画の三つを、企業が大きな影響力を持つうえで大切なものだとし、もう一方は、画期的なひらめきに重点をおくものだとしています。

学者のなかにも、世界を変えるあらゆるパターンを網羅できるように、多くの人を「社会起業家」と定義しようとする考え方もあれば、それとは違って、比類ない創造性、勇気、執念で大がかりな変革を実現する人のみを定義する人々もいます。

万人に受け入れられた定義はありませんが、それでも「社会起業」という言葉は有用なことがわかっています。それは起業家についての昔ながらの知見を応用するという意味合いがあるからです。

社会起業という言葉の登場により、起業家的な資質が大きな社会問題の解決に活かされている様子が世の中に伝わるようになりました。そのため、社会問題の解決に意欲的な人たちにとっては、新しい行動への道すじや分析の順序が見つかりやすくなったのです。

●ナイチンゲールも社会起業家

社会起業家はどの時代にも存在しました。ですが以前は、ビジョナリーリーダー、人道主義者、フィランソロピスト、改革者、聖人、あるいはただ偉大なるリーダーなどと呼ばれていました。彼らの勇気、思いやり、ビジョンには注目が集まりましたが、その偉業の陰にある実践的な面に日が当たることはほとんどありませんでした。

子どもたちは、フローレンス・ナイチンゲールが負傷兵を助けたエピソードはよく知っていても、**彼女がいち早く看護師養成学校を設けたり、病院運営に革命をもたらしたりした事実は知りません。**

ガンジーは非暴力運動の実践者として記憶されていますが、分権的な政治のしくみを築いてインドをうまく独立へと導いた功績は、陰に隠れてしまっています。

マーティン・ルーサー・キング・ジュニアについても、リンカーン記念堂前の階段で行った「I have a Dream（わたしには夢がある）」という演説は誰もが知っていますが、その陰にはエイサ・フィリップ・ランドルフとベイヤード・ラスティンの尽力があったことはほとんど忘れ去られています。ふたりはワシントン大行進を計画・指揮して、その最後に行われるキングの演説が最大限の効果を生むようお膳立てしたのです。

●はじまりは一七世紀

歴史を注意深く眺めれば、わたしたちが当然のものと受け止めている多くの組織や運動の陰に、社会起業家の知られざる尽力があったことに気づくでしょう。ですが、おおぜいの社会起業家が誕生したのは、一七世紀、さまざまな社会構造の改革が急に進んでからです。この変化はまずヨーロッパで起きました。

ヨーロッパでは何世紀ものあいだ、専制王家、教会、封建領主、ギルドなどが商業活動を制限し、イノベーションを邪魔し、人々を特定の土地や教区に縛りつけていました。規模の大小にかかわらず、独自に商売を行う余地はほとんどなかったうえ、人々は**進取の精神や熱意を活かす自由やインセンティブを持ちませんでした。**

経済思想家のロバート・ハイルブローナーが『入門経済思想史　世俗の思想家たち』（筑

摩書房）に記しているように、一七世紀のフランスではボタン職人が布切れにボタンを付ける実験をしただけで逮捕されました。模様入りの綿布を販売目的で輸入したというだけの理由によって、何千もの商人がガレー船漕ぎの苦役を与えられ、車裂きにされ、絞首刑となりました。

その後、人口の増大、都市化、科学の進歩、輸送技術の向上、富の蓄積などによってヨーロッパの生活スタイルが変わったため、従来の権力層も社会や通商活動への支配をゆるめないわけにいかなくなりました。そして啓蒙運動の時期には、宗教や哲学の分野で新しい考え方が生まれ、とりわけ、政治的自由や自然権の概念（ジョン・ロックの有名な表現によれば「生命、自由および財産」の権利）が登場したため、近代経済と民主主義の道徳・理論面での土台ができました。

このような考え方を追い風にして、**民間という新しいセクター**が社会のなかで他とはっきり区別されるようになり、個人が事業利益を得るために生産のあり方を改めることができました。

②社会起業家を後押しした、世界の変化

●株式会社の誕生

歴史的な変化によって以上のような勢力が解き放たれたのを受け、その意味を解き明かそうとして、経済学が誕生しました。その始祖ともいえるアダム・スミスの主著『国富論』は一七七六年に刊行されました。この同じ年、どこよりも経済の自由を重視する国、アメリカ合衆国が建国されました。

歴史家は、ルネサンス期に起きたある出来事を、近代の歴史上でひときわ大きな意味を持つものとして挙げています。それは**有限責任を原則とする株式会社の誕生**です。この法律上のイノベーションによって、投資家にとっては、資金を集めて無限にちかい成長性を秘めた企業を設立することが可能になったばかりか、魅力的な選択肢にさえなりました。

このことを具体的に示すデータがあります。今日のアメリカでは、全企業の九九・七%は従業員五〇〇人未満ですが、これより規模の大きいごく一握りの企業が全米の給与所得者のほぼ半数を雇用しているのです。

企業は凄まじく強大になりました。**多国籍企業三〇〇社が世界の富のおよそ四分の一を押さえています。**これら企業の経営者が下す判断は、社会、それどころか株主の長期的な利益と衝突することが少なくありません。このことは、最近の金融危機があぶり出したとおりです。そして一部には、このような欠陥は企業の法的な仕組み上避けられないものだ、とする見方もあります。

たとえば、『ザ・コーポレーション』(ジョエル・ベイカン著、早川書房)において、企業は法人格を与えられているにもかかわらず、思いやりを示したり、人間として望ましい行動をとったりしなくても、世の中から承認されないとか、刑務所に入れられるなど社会的・法的に罰せられる恐れはないと書いています。

「企業は、そこで働く人間とは違い、飛び抜けて自己本位であり、どのような状況でも心から他者を思いやることはできない」というのです(最近では、法律や財務の知識や経験を持つ多くの社会起業家が、ルールとインセンティブ制度を改めて企業により大きな社会的責任を負わせようと、努力しています)。

ビジネスセクターが拡大するにつれて、資本の流れを加速させ、ビジネスや経営管理についての研修を行い、よりよい成果をあげた企業を称え、社会全体にビジネス知識を広め、起業を促すために、さまざまな仕組みが設けられました。
一部の国では、事業活動や金融活動を規制する仕組みも生まれました。具体例としては、反トラスト法、株式取引、ビジネススクール、公認会計士事務所、証券取引委員会、ビジネス・ジャーナリズム、そして近年ではベンチャーキャピタルがあります。

起業家の登場はビジネスセクターにおいて、どのような影響を持ったのでしょうか。経済学者のウィリアム・J・ボーモルによれば、ヨーロッパの人口ひとりあたりの所得は一七〇〇年代に二〇％から三〇％も増えたと推計されます。一八〇〇年代になると、実に二〇〇％から三〇〇％も跳ね上がったそうです。そして**一九〇〇年代には、自由市場経済のもとでのひとりあたり所得が、少なく見積もっても七〇〇％も増大しました。**

近代的なビジネスの興隆によって、新たな富（膨大な中産階級）、新たな利便性（洗濯機、電気照明、高速の移動手段）、新たな生活スタイル（週四〇時間労働、休暇、退職）が生まれました。その反面、人口移動による過疎化、伝統文化の崩壊、働き手の酷使、環境破壊、安価な鉱物やエネルギー資源の搾取にも似た争奪など、不均衡な発展の原因となるものも数多くもたらされました。これらの問題は、ウェストバージニア州からコンゴ、イラクに至るまで世界の多くの国や地域をいまも悩ませています。

●一八八〇年から始まった市民活動

一般的な起業と社会起業のあいだには深い関係があります。**営利目的の（通常の）事業における成功が引き起こした問題に対処するために、アメリカの有名な社会起業が生まれた**例が多く、運営資金を実業家の寄付や従業員の賃金の一部から得ています。

一八八〇年から一九二〇年にかけてアメリカで起きた市民活動の盛り上がりを考えてみましょう。この時期のアメリカは、自給自足型の小さな農村や中くらいの都市の集まりを脱して、産業が発展した消費の盛んな社会へと急速に移行していました。何百万人もの移民や農村出身のアメリカ人が都市へと雪崩こんだため、**都市部はキャパシティーを超える人口**を抱えることになりました。これは、発展途上国でいま起きている農村から都市への凄まじい人口流入と、いくつもの点で似ています。

新たに都市に住みはじめた人々は、民主主義の考えのもと、政府にアメリカのスラム街や工場の悲惨な状況を変えるよう迫りました。進んだ考えを持つフィランソロピストたちが**「科学的《サイエンティフィック》チャリティ」**の試みに乗り出したのも、この「進歩の時代」です。科学的チャリティの狙いは、ただ貧しい人々に安らぎをもたらし、富裕層の良心を満たすだけでなく、貧困を生み出す原因そのものを根絶しようというものでした。

この運動から生まれた組織の多くは、以後もアメリカ社会に根づいています。救世軍、全国都市同盟、ライオンズクラブ、ボーイスカウトとガールスカウト、グッドウィル・インスティチュート、PTA（保護者と教師の会）、NAACP（全米有色人地位向上協会）、セツルメント・ハウス（コミュニティセンター）、ロータリー・インターナショナル、YWCA（キリスト教女子青年会）、女性有権者同盟、数々の労働組合ほか、合計で何百種類にものぼります。

●この四〇年間で世界的な潮流に

アメリカでは、建国とほぼ同時に市民たちが結束して社会問題への対処に乗り出したのですから、特異な事例だといえます。しかしいまや、アメリカだけが例外だとは言い切れません。なぜなら、**ブラジル、インド、タイ、南アフリカなどさまざまな国で社会起業の気運が高まっている**からです。ただはっきりしているのは、アメリカ人が社会起業にとても有利な法律や気質の恩恵を受けたことです。

法律の由来は、イギリスで一六〇一年に成立した慈善法（Haritable Uses Act）に遡ります。この法律には、社会問題を解決するのは市民の役割だと定められていました。アメリカ合衆国憲法には、連邦政府や州政府の権限としてはっきり決められているもの以外は人々の権限とする、と明記されています。このように力強い市民活動を前提としていた点も、非営利法が充実していた点も、世界で異例でした。

多くの国で同じような法律が制定されたのは一九九〇年代に入ってからで、フランスでは、民間の社会福祉団体は一九〇一年まで禁止されていました。

一〇〇年前、アメリカに大きな変化を起こした市民活動。それは、**いま世界のここかしこで起きている変革と重なり合うもの**です。

社会起業はいつから世界的な動きとなったのかという問いに答えるには、過去における人間の生活を振り返る必要があるでしょう。アメリカの作家アダム・ホークシルドは『鎖を埋める』（未邦訳）に、一八世紀末には人類の優に四分の三以上が奴隷または農奴として生きていた、と記しています。奴隷ではない人々も、大多数は王や独裁者の命令に従わなくてはならず、反論が認められず変えようもない伝統に縛られたり、屈辱的な貧困、病気、暴力などに見舞われた暮らしのせいで短命に終わったりしました。

先進国においてさえ最近まで、女性、有色人種、さまざまなマイノリティは差別され、選挙権を認められず、はては法律のもと、さらなる差別を受けていました。このような人々は依然として差別に遭っていますし、同性愛者や性転換者はいまなお法の下の平等を求めて苦闘しています。

とはいえこの四〇年というもの、世の中のルールが進化し、前記のような人々の多くに機会が与えられるようになりました。全世界に目を向けると、さらに劇的な変化が起きています。独裁政権が倒れて、何億もの世帯に新たに教育、医療、コミュニケーションの恩恵がおよび、経済成長をとおして膨大な中産階級が生まれました。これを受けて市民活動が飛躍的に広がり、その一環として、社会問題の解決に目的をおいた組織が数多く誕生したのです。

●市民に事実を隠せない時代へ

変革の**最も大きな推進力となったのは女性運動**でした。この運動をとおして、多くの社会（もちろん、すべての社会ではありませんが）で女性の意識を変え、可能性を広げたのです。近年では、インドで〈自営業の女性の会（ＳＥＷＡ）〉を創始したエラ・バットや、ケニアでグリーンベルト運動を立ち上げてノーベル賞に輝いたワンガリ・マータイなどのリーダーが、アジアやアフリカの女性のために新たな道を切り開きました。このほかにも長く社会の片隅に追いやられていた層、たとえばアフリカ系ブラジル人、ハンガリーのロマ族、インドの最下層民などが、多様な「社会正義運動」によって解放されています。

一九七〇年代以降、世界では多くの共産主義体制や独裁体制が崩れていきました。三〇年から四〇年前であれば、権力や因習に挑んだ人には「消える」、「追放される」、「刑務所送り」などの運命が待っていたであろう国でも、今日では、市民は折々に改革を望むための行動を起こしています。

一九八〇年代あるいは九〇年代以前は、アルゼンチン、ブラジル、チリ、ハンガリー、インドネシア、ナイジェリア、パキスタン、ポーランド、ポルトガル、南アフリカ、スペイン、タイ、ベトナムでは社会起業家の存在は許容されなかったでしょう。一部の国では社会起業家はいまだに危険に直面しますが、それでも公然と活動している例は少なくありません。

ソ連のゴルバチョフ元大統領は、**ソ連を崩壊へと導いた最大の要因はビートルズ**だと語りました。インターネットが誕生する何十年も前から、ラジオ、テレビ、カセット・レコーダーなどの普及によって、思想や人々の想いを国境の内側だけに押さえ込んでおくことは難しくなったのです。

わたしたちはしばし立ち止まって思い起こさなくてはなりません。チェコの初代大統領ヴァーツラフ・ハヴェルや南アフリカの反アパルトヘイト活動家スティーヴ・ビコといったリーダーが思想・言論上の理由で投獄あるいは暗殺されたのは、遠い昔ではないのです。

いうまでもなく、中国、イラン、ミャンマー、北朝鮮では、いまなお弾圧がつづいています。ですが二〇〇九年、イランの大統領選挙に不正疑惑が持ち上がって暴動につながると、その模様がツイッターで詳しく伝えられた事実からもわかるように、**政府が市民に事実を隠しておくことは難しくなっています。**

●高まる政府への不満

国際的なメディアをとおして、貧富や自由の格差が世界中に鮮烈に伝わったのは、一九八〇年代から九〇年代にかけてでした。政府や企業は、世の中からの厳しい視線にさらされました。新たにさまざまな情報がもたらされたため、人々の期待水準や期待内容も変わりました。

多くの国や地域で、それまで問題にされていなかった惨状や虐待などについても、苛立ちや怒りが強まっていきました。グローバルな意識を持っている市民のあいだでは、「政府は国民の代表としての肝心な義務を十分に果たしていない」「企業は短期的な利益を追い求めるあまり、人々の苦しみや不公平を拡大し、環境を破壊してばかりいる」という意識が浸透していきました。

政府への不満の高まりは、自由選挙を行うほぼすべての国で投票率が低下している事実に、最も鮮明に表れました。自由主義と保守主義どちらを掲げる政府ででも、**企業の強大化の前になす術がない**と広く受け止められています。

とりわけ、環境の保護、人権の擁護、医療の普及、良好な労働環境の確保、金融機関の規制などをめぐっては、政府は企業の利益を妨げる政策を取らずにいました。世界銀行やＩＭＦ（国際通貨基金）のプロジェクトをめぐっては、あまりに多くの人々が「**貧しい人々を犠牲にして豊かな人々に利益をもたらすことをあからさまに意図している**」と感じました。

何とかしなくてはいけませんでした。しかも、ほかでもない、公益を守る責任を負うべき政府こそ、最もその必要性が大きかったのです。ただし、内部からの変革は期待できないことにおおぜいが気づいていました。**変革を実現するには、新しい組織と新しい力の源を築かなくてはならなかった**のです。

●グローバル市民の勢い

このような意識が広まったのとちょうど同じころ、前述のような自由への新しい考え方や変化がもたらされたうえ、教育や医療の進歩といった追い風を受けて**「グローバル市民」という意識と活動の勢いがいっそう増した**のです。一九七〇年から八五年にかけて、発展途上国の成人の識字率は四三%から六〇%へと向上しました。世界の大学数は七〇年代だけで倍増しています。

二〇世紀には、衛生状態の改善、抗生物質の開発、植物遺伝学の進歩（およびそれによって可能になった穀物の増産）などを主因として、平均寿命が発展途上国では二五歳から六三歳へ、先進国では四五歳から七五歳へと目覚ましい伸びを示しました。このほかにも数多くの進歩が過去四〇年間に集中して起きました。一例をあげるなら、八〇年代には全世界での子どものワクチン接種率が二〇%から八〇%ちかくに向上して、毎年何百万人もの死亡・障害を防ぐのに役立っています。

これらの進歩を受けて、人口構成も劇的に変わりました。二〇世紀の最後の一〇年には、人類史上はじめて都会の人口がそれ以外の地域を上回りました。二、三世代前には、世界人口の大半は、外界とのコミュニケーションの少ない村や町に住んでいました。生涯同じ地で暮らして、両親から仕事を教わることが一般的でした。

いまや状況は一変しました。長い歴史のなかで位置づけるなら、一夜にして消えたといっても過言ではないでしょう。数十年のあいだに、何億もの人々が都会で職を探すために村や町を離れていきました。発展途上国の都市人口は一九五〇年には三億人でしたが、二〇二五年には四五億人に達すると予想されています。

都市化は経済の変化に拍車をかけます。『クリエイティブ資本論』（ダイヤモンド社）の著者リチャード・フロリダは、互いに離れたいくつもの都市がつながって形成する巨大地域《メガリージョン》の上位四〇位を合計すると、人口規模では世界の五分の一にすぎないが、**経済産出の三分の二、イノベーションの九〇%を生み出している**と書いています。

都市化は、ブラジル、中国、インド、インドネシアほかの発展途上国で膨大な中産階級が拡大するのと歩調を合わせるようにして進みました。これら中産階級は、教育、富、政治パワーを手に入れましたが、旧来の特権とは縁が薄いため、社会起業家として目覚ましい手腕を発揮する場合が多いのです。

では、中産階級より下の層はどうかというと、マイクロファイナンスや中小ベンチャーを支援する何千もの企業、たとえば〈キックスターター〉、〈テクノサーブ〉、〈インターナショナル・デベロップメント・エンタープライズ〉などの活動をとおして、何千万もの世帯の経済機会が広がりました。農村やスラム街の住民も、企業やほかの組織を立ち上げるための技能、手腕、自信などを身につけてきています。またマイクロファイナンスや事業支援は往々にして、政治とのかかわりを深めるきっかけになります。

都市化はこのような恩恵を生んだ反面、ここ数十年で一気に進展したため、大きな苦難ももたらしています。たとえば発展途上国の都市（「メガ貧民街」と呼べるかもしれません）はえてして物騒で不健康、醜悪な環境にあり、下水処理が十分ではなく、産業汚染も広まっています。

また世界銀行のダム建設プロジェクト、鉱業や林業分野の多国籍企業、世界を不況に陥れたサブプライム・ローンなど、自分たちにはどうにもならない理由で都市へと追いやられた人々は、ともすると根無し草のような気分になり、不安や怒りを感じます。**地球温暖化は、欧米の消費活動、産業、農業を主因としていますが、温暖化がもたらすとされる旱魃《かんばつ》、洪水、嵐などによって最も大きな被害を受けるのは、発展途上国の貧しい人々**なのです。

●ひとりのリーダー、ひとつの組織に頼れない時代へ

世界中で都市化が進み、相互依存性が強まるにつれて、変化も速まっています。今日では、変化に遅れないように順応のペースも速めなくてはなりません。環境への脅威、伝染病、グローバル・テロ、経済危機など何にせよ、**物事が誤った方向へ進んでしまったら、のんびり対処しているゆとりはありません。**ひとりのリーダーやひとつの組織に問題への対処を任せておくわけにもいきません。バラバラの場所で考えられた解決策を取りまとめ、実地に移すという作業を、リアルタイムで行う必要があるのです。

ここで、ここまでの話をまとめましょう。全世界の多くの人々が、長い歴史を持ついくつものくびきから解放されました。ところが、**新たな自由を手に入れたのと同じころ、富が増え、寿命が長くなり、コミュニケーションが便利になり、同時に、新しい解決策を必要とする数々の問題が持ち上がったのです。**

最後にここ四〇年の動きを振り返りたいと思います。問題をあらゆる角度から解決しようとして、何百もの組織が生まれました。環境、消費者の権利、地雷の廃絶、マイクロクレジットの普及、社会目的に沿ったビジネスの立ち上げと資金調達、国際刑事裁判所の創

設、障がい者・先住民・同性愛者ほかの権利擁護などを目指す、何百もの運動が始まりました。**解決策を探し求める人々は、もはや政府、企業、教会、大学などが先頭に立つのを待とうとはしません。**歴史的な変化は、複雑で差し迫った問題を生みましたが、同時に、これらの問題に対処できる力も、世界中で高まっています。社会起業の分野では、まさにこれらの動きが交錯しながら展開している状況なのです。

③ 世界を変えた人たち

●欧米企業と援助資金

「社会起業」という言葉が生まれる以前でさえ、社会目的を掲げた組織――いわゆる非政府組織や非営利団体が一様に素晴らしい成果をあげているわけではないことは、はっきりしていました。ビジネスの世界でも、高成長と高利益を謳歌する企業とそうでない企業がありました。それと同じように、**費用の割に大きな影響を社会におよぼす組織と、そうでない組織がある**のです。

そのような状況下、社会起業の草分けともいえるふたつの事例（グラミン銀行とBRAC）は、世界でひときわ貧しい国バングラデシュで生まれました。

バングラデシュは一九七一年、巨大サイクロンの襲来と独立戦争の後、激しい荒廃のなかで建国されました。一九七〇年に上陸したサイクロンでは、五〇万人ちかい生命が失われ、独立戦争では、パキスタン軍によって何万人もの女性（なかには少女も含まれていました）がレイプされ、一〇〇万人を超えるバングラデシュ人が殺害されました。コレラや腸チフスなどの病気や飢えにより命を落とした人は、最大で二〇〇万人。また、難民としてインドへ逃れた人は、一〇〇〇万人いました。

戦争とサイクロンは世界中の同情と怒りを呼びました。いくつもの国際開発機関が援助を行うために首都ダッカに集結しました。当時のならわしでは、開発援助は豊かな国の政府から貧しい国の政府へじかに行われ、それが地方政府を介してトップダウンで草の根レベルに届くのでした。ですが、ヒモつきでない巨額の資金は、必ずといってよいほど腐敗や汚職につながりました。

樹立からまもないバングラデシュ政府は、理想に燃えた自由への闘士と縁故の力に頼る政治家の寄り合い所帯のようで、基本的な機能を十分に果たす備えさえできておらず、まして大がかりな救援・復興努力となるとお手上げでした。食料、医薬品、住宅、学校に費やされるはずの救援資金は、あらゆる途中段階で吸い上げられました。**貧しい人々のもとに渡ったのは、全体のわずか一〇%から二〇%だろうとする推計もあります。**

これはバングラデシュに特有の問題ではありません。世界的にも、天然資源から得られた富など、海外援助のかなりの部分が回り回って貧しい国のエリート層を潤し、豊かな国の企業に報酬をもたらしてきました。

援助資金の相当部分は、欧米の高給取りのコンサルタントが懐に入れます。彼らの助言や判断は、発展途上国の無数の人々の生死に影響をおよぼします。多くのコンサルタントはトンボ返りで現地を訪問するだけですから、文化や実情を十分には理解できないはずです。にもかかわらず、自分たちの提案をもとにムダの多い、あるいは害の大きい援助プログラムが実施されたとしても、責任を負わされることはまずありません。

バングラデシュでは、援助資金の流入額は雪だるま式に膨らみ、ついには国の開発予算の九〇%を占めるまでになりました。道路建設、発電、農業振興などに数十億ドルが振り向けられました。これらのプロジェクトは海外の援助元から要請されたもので、机上では理屈に合っているように見えましたが、往々にして途中で腰砕けになったり、貧困層を助けるのではなく他の人々に甘い汁を吸わせる結果になったりしました。このような援助の申し子として、**依存や腐敗といった風潮が生まれ、いまだにバングラデシュの経済や政治を蝕んでいます。**

●グラミン銀行とＢＲＡＣの誕生

とはいえ、国内各地の社会起業家が立ち上げた組織を、政府が運営に口出しせずに資金面で助けようとした際には、海外からの援助はきわめて有益な変革を後押しする結果となりました。

際立って有名な事例がふたつあります。グラミン銀行（現地語での意味は「村の銀行」）とＢＲＡＣ（農村向上委員会）です。

独立戦争後、世界各地にいたバングラデシュ人は、高収入の仕事を捨て祖国の再興に尽力するために国に戻ってきました。**グラミン銀行の創設者ムハマド・ユヌスとＢＲＡＣ創設者ファザル・アベド**もそうでした。

ユヌスはアメリカのバンダービルド大学で博士課程を終えて、経済学の教鞭をとった後、貧困者を助けるために非営利で村の女性を主に支援するグラミン銀行を設立しました。アベドはシェル石油の幹部職を経て、農村教育、医療、マイクロファイナンス、社会・経済の発展への寄与を目指すＢＲＡＣを設立しました。

当時の援助は父権的な性格がとても強いものでした。援助する側とされる側の関係には、植民地主義的な匂いがあったからです。対照的に、グラミン銀行やＢＲＡＣは**「バングラデシュ人は有能だ」という前提のもとで活動し、国内に可能性と自助自立の精神を培うことを目指しました。**物質的な貧困だけでなく、援助される側の尊厳をも重く受け止めて、慈善的な施しを受けるのではなく堂々と胸を張れる取引を選んだのです。

どちらの組織も、外国人ではなく現地人を採用し、家族の友人に働き口を用意する因習を破って能力重視で人材を選り抜きました。そのうえ、プロジェクトを前進させるためには、多くの寄付者が賄賂に目をつぶるなか、そうした行いを拒否しました。

何よりも、効率と成果だけをひたすら追い求めたのです。融資とその返済状況、女子生徒の就学状況、経口補水塩の配布数など、あらゆるデータを記録や測定の対象にしました。顧客の要望には打てば響くような対応を心がけ、自然災害に遭った村のすみやかな復興を助ける手腕を誇りにしたのです。

問題の解決策を見つけるにあたっては、たゆまず試行錯誤を重ねました。どちらの組織も、マイクロファイナンスや農村での事業開発で無数の試みをしました。ＢＲＡＣは、村の学校や地域医療プログラムを設けて高い成果をあげ、国内に模範を示しました。

イアン・スマイリーは著書『貧困からの自由』（明石書店）において、アベドがＢＲＡＣを設け、仕事の質を厳格に管理しながらも、他方では、リスクを取り、革新的なアイデアを追求し、新たに学んだ事柄を組織内で広く共有するようスタッフたちに奨励した様子を描いています。

ユヌスとアベドはともに、長期戦の構えを取っており、これも彼らの強みでした。**アイデアやプロジェクトがうまくいかなければ、それを断念して教訓を胸に刻み、新しい何かに挑めばいい**と心得ていたのです。事実、いくつもの失敗が起き、なかには危機へと発展した事例もありました。ですが彼らは、国の抱える問題をどう解決するかをより深く考える機会として、それらの失敗を活かしました。

●「援助貴族」ができなかったこと

海外援助に携わる人々には一般に、試行錯誤をしているようなゆとりがありませんでした。昇進や異動のサイクルが平均二年であるため、政治家と同じくその期間に成果をあげる必要があったのです。

援助者は時折思い出したようにバングラデシュを支援するだけですが、にもかかわらず往々にして、開発をめぐる自分たちの考えをグラミン銀行やＢＲＡＣに押しつけようとしました。ふたつの組織はこれに反発しました。

「資金援助を止めるなら、そうすればいいでしょう。ですが、わたしたちの運営方針への口出しは断固拒否します。バングラデシュのことを一番よく知るのはわたしたちですから」

援助を受ける側からのこうした抵抗は前代未聞でした。ですが、折しも援助に対する反感が強まっていたため、援助する側の人々は弱気になっていました。ジャーナリストなどがいわゆる**「援助貴族」**の実績調査に乗り出し、「よくて月並み、悪くすると悲惨きわまりない」という援助の結果を公表しはじめていたのです。援助者たちは自国で政治的に生き残るために、結果を生み出す協力者を探すようになりました。グラミン銀行とＢＲＡＣは実績で最上位につけていました。際立った成果をあげ、仕事の質を保ちながら規模を拡大する手腕を示していたのです。

一九八〇年代から九〇年代にかけて、グラミン銀行とＢＲＡＣは強い交渉力を活かして前例のない好条件での資金援助を勝ち取りました。各国政府や国際援助機関を中心とした援助者に押しを利かせて、数億ドルの補助金、低利融資、業容拡大のための融資保証などを取りつけました。社会起業家がこれほど大がかりな資金を手にするのは、かつてなかったことです。しかも、これらの資金は、投資と同じように、数年がかりの大がかりなプロジェクトを支えるためにあらかじめ支払われたのです。こうして、国際開発の分野で画期的な状況が生まれました。

●ボトムアップで解決策を編み出す

グラミン銀行とＢＲＡＣは、全国規模の組織としておのおの何万人ものスタッフを雇うまでになりました。そして、**七万にのぼる村のほぼすべての住民の生活にかかわる仕事を手がけた**のです。偉大な企業と同じく、組織規模の拡大に合わせて進歩していきました。新たなサービスを開始し、技術をより有効に利用し、同様のサービスを展開していったのです。そして、誇りと希望に満ちた気風を培いました。

今日、バングラデシュは依然として貧困が残り、腐敗や派閥間の暴力抗争が絶えず、サイクロンや洪水の被害に弱い状態です。しかし、経済は成長し、貧困層は半減し、母子の健康状態は著しく改善し、初等教育の就学率は向上しています。男子と女子の就学率に差がない国は、南アジアではスリランカとバングラデシュだけです。

地方行政官の五人にひとりは、グラミン銀行やＢＲＡＣが支援する家庭の出身者です。最近の国政選挙では、女性の投票率が男性を上回りました。

グラミン銀行とＢＲＡＣは、**貧困を大幅に削減することは可能だ**ということを示しました。旧来の方法に倣うのではなく、新しい方法を取り入れて、社会問題の解決に新たな地平を開いたのです。

官僚的な組織のもと、**あらかじめ決まった方針をトップダウンで実行するのではなく、ボトムアップで解決策を編み出していった**のです。その過程では試行錯誤、絶え間ない反省、徹底的な成果重視などを心がけました。これらの組織はともに、グローバルな開発のパラダイムを招きました。

「貧しい人々は単なる哀れな受益者ではなく、頼りがいのある変革者でもある」と示しました。そのうえ、男性の家長よりもむしろ女性を開発の主な推進役に据えると、どれほど目覚ましいメリットが生まれるかを見せつけました。

この二〇年間、**「社会起業分野のシリコンバレー」**とも称される地の秘訣を学ぼうと、数多くの開発担当者、学者、ジャーナリスト、ビジネスパーソン、政府関係者、フィランソロピストがバングラデシュを訪れました。ユヌスとアベドは世界中を飛び回り、無数の聴き手に向けて講演を行い、自分たちの取り組みを広げるために数十カ国に関連組織を立ち上げました。

二五年前には「まともな取り組みではない」とあしらわれた**マイクロファイナンスも、いまや世界的な産業**となったのです。

●「社会起業家」を広めたアショカ

グラミン銀行やBRACは、社会的なプログラムというより成功型事業に近い活動を展開してきましたが、ユヌスやアベドが「社会起業家」と呼ばれるようになったのは、この言葉が一九八〇年代と九〇年代にアショカという組織によって広められて以降です。

アショカは一九八〇年、ビル・ドレイトンによって設立された世界的な組織で、本拠はバージニア州アーリントンに置かれています。ビル・ドレイトンは、以前は経営コンサルタントや環境保護庁（EPA）の長官補佐を務めていました。

ドレイトンは一九六〇年代と七〇年代にインド各地を何度となく訪れ、そこでガンジー、「土地寄進運動」の創始者ヴィノバ・バーヴェ、酪農を変革した「白い革命」の構想者ヴェルガーゼ・クーリエンらの功績から多大な影響を受けました。これらの人々が築いた組織はいずれも、極端ともいえる変革ビジョンを掲げてそれを実現へと持ち込んだのです。

ドレイトンはインド各地を訪れるなかで、このような取り組みをここかしこで目にしました。イギリスからの独立を目指して戦った人々の子どもの世代にあたる国民は、自分たちの将来に自信を深め、歯切れよい主張をしていました。そして、それまで見過ごされていた社会の病巣に対処するため、さまざまなかたちの組織を築いていました。

ドレイトンは、インド社会の変革を唱えるいくつもの団体と意見を交わしました。それら団体は、衛生状態の改善、下位カーストの政治参加促進、女性の権利を擁護する法制整備など、じつに多彩な活動を展開していました。

ですが、すべての団体が成果をあげていたわけではありませんでした。彼はある傾向に気づきはじめました。実際に社会を変える組織は、**アイデアが優れているだけでなく、アイデアを守り育てる人材や起業家的な人材がリーダーを務めていることに。**そのような人々は、献身的、創造的、行動的などの点でどれも抜きん出ていたのです。

●アショカに込めた想い

ドレイトンには、これら起業家は変革をリードする途方もない力を秘めているように思えましたが、さまざまな手かせ足かせがありました。「資金不足」「家族や友人からの誤解」のうえ、相互の交流もなく、メディア、ビジネスセクター、政府セクターなどからほとんど注意を払われなかったため、「無力感や孤独」にさいなまれ、自分たちは取るに足らない存在だと感じていたのです。

そこでドレイトンは、このような人々を支援する組織を構想して、インドの皇帝にちなんで「アショカ」と名づけました。アショカ皇帝はおよそ二二〇〇年前の人物であり、多くの歴史家に「歴史上最も慈悲深く実務に長けた支配者」と見なされていました。大昔にアショカ皇帝が実施した行政改革の一部は、「ニューディール」など二〇世紀の代表的な公共政策を先取りしたものでした。

アショカは、一九八〇年代はじめにインドで社会起業家の発掘に乗り出し、ほどなく、インドネシアやブラジルにも活動範囲を広げました。狙いは、世界的な協力体制を築いて、ユヌスやアベドのような起業家たちへ資金援助、信用保証、グローバルなフェローとしての強みなどをもたらすことでした。特に、事業が軌道に乗る時に必要だと考えていたのです。経営コンサルタント出身のドレイトンは、**ビジネスセクターと社会セクター、ふたつの分野を橋渡しする必要性にも気づいていました**（起業家は、過去にはほぼ例外なくビジネスの世界を選んでいました）。

ドレイトンは同僚とともに「フェロー」を発掘するプロセスを練り上げました。インタビューの仕方を考えて、相手はどのような行動パターンを持っているか、どれくらい影響力のありそうなアイデアを持っているか、問題解決にはどれくらい工夫を凝らしているか、信頼できるか、誠実な人柄かなどを吟味しました。**アショカはこの三〇年間、七〇カ**

国の二〇〇人以上のフェローを支援してきました。彼らの多くは、アメリカ国内外の両方に影響をおよぼしています。

●世界に広がる支援組織

一九八〇年代以降、このほかにもいくつもの組織が誕生して、社会起業という分野を築くうえで重要な役割を果たしました。たとえば、ニューヨークに拠点をおく〈エコイング・グリーン〉は、四〇カ国の社会起業家五〇〇人ちかくを支援してきました。この団体は初期段階の起業家ばかりを対象として、学窓を巣立つと同時にこの道に入るよう背中を押しています。

ボストンを拠点とする〈ニュープロフィット〉は、アメリカ国内で強い影響力を誇る組織の成長資金ニーズを満たすために生まれた、この分野のさきがけです。また近年では、社会起業家とアメリカの政策当局との関係を強める活動を主導する組織も登場しています。

ジュネーブの〈シュワブ財団〉は、世界経済フォーラムやその各種アワードとのつながりを活かして、世界のビジネスセクターにおける社会起業家の認知度を高めてきました。〈スコール財団〉は、国際社会の注目を社会起業に集めるうえで中心的な役割を果たしてきました。たとえば、メディアへの紹介、世界的な授賞制度やフェローシップ制度、オックスフォード大学で開催される年次の「スコール・ワールド・フォーラム」などを展開し、特にオックスフォードのフォーラムは社会起業の代表的なイベントとして位置づけられています。

④ 社会起業家の大きな役割

●アイデアを定着させ、仕組みをつくる

わたしたちのまわりには素晴らしいアイデアと有用なモデルが溢れています。たとえば、障がいを抱えた子どもに文字の読み方を教える方法、エネルギー消費の減らし方、医療費を抑えながら中身を改善する方法、さらには、校庭でのいじめをなくす秘訣などがわかっています。

これらの問題はどれも、アメリカやカナダではすでにある程度は解決されています。ですが、こうした**こまごまとした知識を、問題の大きさに合わせて活かす方法**は、まだ解明されていません。そのため、多くの国際開発プログラムや政府施策が、パイロット段階では素晴らしい成果をあげるのに、最終的には残念な結果に終わってしまうのです。

『社会起業：用語の定義』という論文で、ロジャー・L・マーティンとサリー・オズバーグは社会起業家の役割を説いています。社会を「安定しているが本来的に不公平な均衡状態」から「新たな安定した均衡状態」へと移行させ、社会の潜在力を大きく解き放って問

題を小さくするのが役割だというのです。**社会起業家は、優れたアイデアを定着させ、それが社会全体の発想や行動のイノベーションへと実際につながるよう下地づくりをするの**です。

この種の改革を行うには、えてしておおもとの仕組み自体を変えなくてはなりませんが、これはきわめて難しいものです。

いまから六〇〇年前、ニッコロ・マキァベリは『君主論』にこう記しました。

新しい秩序を率先して導入するのは、何にも増して引き受けるのが難しい仕事である。実行には危険が伴い、成功の見通しがつきにくい。革新を目指す者は、旧来の仕組みのもとで順風な人々すべてを敵に回すが、他方、新しい仕組みのもとで成功するかもしれない人々からは熱心な擁護が得られない。なぜこのような冷淡な対応が生まれるかというと、ひとつには、敵対者は法律を味方につけているからである。くわえて、新しいものをなかなか信用しない人々から猜疑心を向けられるからでもある。

このため、仕組みを変えようとする人は、無関心、惰性、無理解、不信などの壁を打ち破らなくてはならず、他方では、既得権益を持つ人々の猛烈な抵抗にも直面するわけです。**社会起業家は、仕組みの改革をどう実現するか、その方法を見つけ出さなくてはなり**

ません。

これだけの障壁があるわけですから、現代の民主主義社会で深刻な問題の解決に長い時間がかかるのも、容易に納得できます。政府では、強大なエリート層ほか膨大な人々の対立する利害を調整しなくてはならず、その一方では、当面の成果をあげるよう厳しい監視の目にもさらされているのです。

●プランづくりの難しさ

たとえ、どんなに不条理な要求でも対応しなければいけない政府の立場を考えてみると、政策を決める人々は、「あらゆる問題への解を熟知し、決断力と勇敢さを兼ね備えている」と印象づけなければならないとわかるでしょう。このような環境では、開かれた場で試行錯誤を重ねながら、慎重に問題解決していく制度を根づかせるなどということは、ほぼ不可能でしょう。

こうして、国会議員や政府の人々が、実務の現場とはかけ離れた環境と厳しいスケジュールのなか、網羅的な解決策あるいは「プラン」をまとめなくてはならない、という状況が生まれます。この結果、**国の政策はたいていは仮説をもとに決まり、検証が行われるの**

は主に法律として制定されてからになります。

石油業界や銀行業界のロビイスト、教職員組合、全米ライフル協会など、強い組織力を誇る団体の利益に反する変革を進めようとした人はみな、公正な場で主張を聞いてもらう機会もなく、有望なアイデアであっても潰されることを知っています。現在の銀行、医療、教育、刑事司法などの制度は、今日の諸問題に対処するにはあまりに不適切だとみな思っているのです。そのため、改革の必要性を否定する人はごくごくわずかです。ただし内部関係者の多くは、現状を維持しようと躍起になっています。

このように、**新しいアイデアが、それによって恩恵を受けるはずの人々によって拒絶されるのも、珍しいことではありません。**特に、彼らが変革の提案を「押しつけられている」と感じ、戸惑っている場合はなおさらです。

ＩＴ分野における最大の厄介は「システム拒絶症」です。会社が巨額を投じて新しいコンピュータ・システムを開発しても、従業員の拒否反応に遭ってしまうのです。

公教育の現場でも、新任教師のおよそ半数は五年以内に辞めており、これもまた制度への拒絶反応だといえるでしょう。ところが教職員組合は、苦労して手に入れた権利を手放すまいとして、たびたび改革を阻んでいます。改革を行えば、優れた教員が仕事への満足感を強め、報酬も増えるかもしれないのにもかかわらずです。

●実行に移す難しさ

幸先はよかったのに、アイデアを実行に移そうとするなかで腰砕けになる例も多数あります。アイデアを唱えてはみたものの、質を保ちながら組織を発展させることができない人たちが多いのかもしれません。

これは組織にとって最大の難関のひとつです。あるいは、**組織の成長過程を乗り切った経験を持つ人材を雇えない場合**もあるでしょう。質が落ちていくと、やる気も衰えていくものです。

このほか、危機の直撃を受ける場合もあるかもしれません。政治の混乱、株価の崩落、自然災害などに遭うと、脆い組織はしっかりと根を張る前に押し流されてしまうのです。

素晴らしいアイデアを台無しにしかねない予想外の難関は、数え切れないほどあります。机上でものを考える人にとっては、新しいアイデアそれ自体がおもしろく見えるかもしれません。ですが、**起業家の立場からは、実現への詳細を抜きにしてアイデアを語っても意味がない**のです。

資金をどう調達するのか。スタッフや顧客のやる気や関心をどう高めるのか。もしかしたら、選挙民の支持をどう取りつけるか、一丸となった反対勢力をどう取り込むか、といったことも考えなくてはならないかもしれません。しかも、いうまでもないことですが、答えは絶えず変化しています。

重要な新発想が社会に大きな影響をおよぼすためには、アイデアを浸透させるのに必要な心遣い、熱意、機転、一徹さなどを持った推進力が欠かせません。社会起業家は、人々の関心と資金を引き寄せ、無関心や反発に打ち勝ち、行動様式を変化させて政治家を味方につけ、たゆまずアイデアを磨き、たとえどれほど時間がかかろうとも、労を惜しまずにあらゆる細部に気配りをしなくてはならないのです。

アショカは、**新しいアイデアが実を結びそうかどうか見極めるには、その生みの親の人となりに注目するのが何より確実な方法**だ、という考えを示しています。つまり「次々と障壁、挫折、悲嘆などに直面しても、チームのやる気を引き出してそれを乗り越えさせる力量を、この人物は持っているだろうか?」「アイデアの実現は、この人にとって世界で一番目か二番目に大切なことだろうか?」という点に注目するのです。

当初、グラミン銀行のユヌスとBRACのアベドも、船出してから長いあいだ落胆と挫折つづきでふたりともひどく孤独でした。ユヌスの耳には「グラミン銀行は『風船のように』破裂するだろう」という人々の声が入ってきました。アベドは、「シェル石油の高報酬の職を投げ打つなんて何と愚かな」と蔑まれました。ふたりとも数々のものを失いました。ふたりとも、宗教的な原理主義者、軍事独裁主義者、社会主義革命の闘士などと戦わなくてはなりませんでした。何より厄介だったのはおそらく日常化した腐敗でしょう。腐敗があるとすべての取引から信頼が損なわれてしまうからです。

ですが、ふたりとも、自分のアイデアを「売り込む」仕事に打ち込みました。リソースを集め、協力関係を築き、敵対関係を解消し、政界の実力者を味方につけるために、**同じ話を何度となく繰り返した**のです。ふたりとも、たとえ一生かかったとしても、アイデアの実現を見届けるまでは決して引き下がらない覚悟でした。

●社会起業家の仕事の柱

社会起業家の役割は、これらの手本をとおして理解できるはずです。社会起業家は変革に乗り出し、組織を拡大して世の中へのインパクトを強めることに重点をおき、自分で軌道修正し、リーダーシップを発揮していきます。**人と人を新しい方法でつないで、従来よりもうまく問題に立ち向かえるように全体の足並みを揃えるのです。**

この役割は込み入っていて、人の意見に耳を傾け決断や説得を行うなど、おびただしい取り組みを必要とします。無関心、因習、不安、リソースの不足、既得権益、組織的な抵抗などに直面しながら変革を推し進めていくには、奇妙な組み合わせではありますが、思いやりと一徹さ、謙虚さと大胆さ、性急さと忍耐が求められるのです。

突き詰めるなら、社会起業家の仕事の柱は「**人々が新たな可能性を思い描き、その意味を理解し、実行可能なステップに落とし込んで変革の気運を上げる方法を探り出すサポートをすること**」といえるでしょう。

「自分の手で変革を成し遂げてみせる」という主体性を欠いたのでは、この仕事はうまくいきません。試行の余地が足りなかったり、失敗について語ることにみんなが後ろ向きだったりしては、やはりうまくいかないでしょう。日々のプレッシャーが強くて長期の目標から注意が逸れてしまっても同様です。

さまざまな分野について何がどんな制度上の制約があるかを考えてみると、社会起業家の必要性が浮き彫りになります。企業は、たとえどれだけ重要な商品を提供しようとしていても、五年から七年以内に利益をあげると約束しないかぎり従来型の出資は得られません。政府は、政治家の関心を引かないアイデアを押しとおそうとすると、政府内の面倒な争いに直面します。

社会起業の分野には、**四半期の業績、ニュース、選挙時期などに左右されずに物事を考え、すぐに報酬や評価が得られなくても目標に邁進できる人々**が必要です。問題を当事者の視点で眺める一方で、高遠なビジョンを掲げ、チームを築く能力と冒険する自由を合わせ持った人材が求められます（生来のビジョナリーで、自分の蓄財よりも社会問題の解決に関心を寄せる人々です）。

なお、ここでもう一度ぜひ訴えておきたい点があります。組織の**創設者ひとりだけでは社会起業は推進できない**ということです。社会起業家のまわりには数多くの卓越した人材がいて、彼らは世の中から注目されないまま何年ものあいだ汗を流しています。そのなかには、組織内で大きな変革を推し進める社内起業家もおおぜいいます。具体的には、グラミン銀行のディパル・チャンドラ・バルア、BRACのアミヌール・アラム、アショカのスシュミタ・ゴーシュなどです。

たしかに、変革に乗り出すビジョンを描いたり、アイデアを広めたりするうえでは、創設者が中心的な役割を果たします。賞に輝いたり、メディアの脚光を浴びたりするのも、たいていは創設者でしょう。ですが、たったひとりで達成できる人はわずかなのです。

⑤ 社会起業家に必要な資質

●性格よりも行動パターン

社会起業家が以前に携わっていた仕事はじつにまちまちです。医師、技術者、教師、牧師、ソーシャルワーカー、ピエロ、ジャーナリスト、プログラマー、アーティスト、看護師、企業勤め、建築家……。友人の誘いや家族の苦難などをきっかけにこの道に入った人もいます。

アショカ・フェローの横顔を見ると、世界の社会起業というフィールドを最も広い視点でとらえることができます。アショカ・フェローの集いでは、アジアのスラム街出身だという二四歳の工員が、パリッとしたスーツを着た六〇歳のメキシコ人銀行家と、成長戦略を議論している場面に遭遇するかもしれません。

その隣では、車イスのインド人ジャーナリストが、ポーランド出身の有機栽培農園経営者と組織づくりの戦術について意見を交わし、それをアメリカ人の弁護士、ブラジルの元プロ・サーファー、南アフリカの小児科医、バングラデシュ人のアパレル業者などが聞いているかもしれません。

会場には、超一流大学のＭＢＡ（経営学修士）、中卒の村人、研究員、電気も水道もない土地で暮らす人々などが混在しているでしょう。

ただ、その全員は、いくつかの同じ気性を持ち合わせています。

たとえば、起業家は先行きが不透明でも動じず、行動を重んじ、高い自律性を必要としますが、カリスマ性や自信に溢れているとはかぎりません。調査によれば、**成功の決め手は持って生まれた性格よりもむしろ、どういった行動パターンを身につけてきているか**だといいます。

一部には生まれながらに起業志向の強い人もいますが、マネジメントの神といわれているピーター・ドラッカーは、「たいていの人は起業家にふさわしい行動を後天的に身につけることができる」と説いています。

とりわけ、**特定の経験――なかでも子ども時代の経験が起業家的な資質に目覚めるきっかけになる**ようです。多くの社会起業家が、大人から何かを始めるよう強く背中を押されてクラブや集まりを立ち上げて運営を担った、という子ども時代の経験を覚えています。こうして彼らは、自分のアイデアを大切にして実行に移すことを学んでいったのでしょう。

曲がったことに抗議の声をあげた経験を思い起こす人も少なくありません。校庭でいじめっ子を怒鳴りつけたり、うかつにステレオタイプな人種観を示した先生に意見したりして、**「自分にも物事を変える力がある」**と気づいたというのです。このような経験は、非常に大きな学びにつながります。

●責めるよりも、どこを改めるか

心理学者の指摘によれば、起業家は「自分で何とかする」力に秀でているそうです。他力本願ではなく、内なる力を信じるわけです。問題解決に必要なスキルが自分になくても、試行錯誤をしたり、専門家のやりかたを観察したり、誰かから助けを得たりすることでそれを身につけられる、と考えます。

何かがうまくいかない場合、誰かを責めるのではなく、まずは何が起きたのか、どこを改めればよいかを探ろうとします。**何かに失敗しても、「自分がいたらないからだ」とは思わず、理解が足りないのだろうから努力で埋めればよい**と受け止めるのです。

社会起業家は、両親や親戚など、子どものころにそばにいた大人のことをたびたび話題にします。それら非常に徳の高い人々から発想面で深い影響を受けたというのです。「他者の苦難を見過ごせない」という話をする際に、しばしば両親や親戚が話したことを引き合いに出します。彼らから、何が不公正かを理解するように、あるいは**旧来の常識を疑うようにと教え諭された**ときのことを、鮮やかに記憶しています。

たとえばアリス・テッパー・マーリンの場合。〈ソーシャル・アカウンタビリティ・インターナショナル〉の設立者にして、社会的責任を重んじる事業の草分けである彼女は、ニュージャージー州の環境のよい地域で育ちました。小学生のころ、父親に連れられてたびたびニューヨーク市のロワー・イーストサイドへ行ったといいます。貧困者がとても多く、路上生活者で溢れた地域です。彼女はその時見たり聞いたりしたことに強く心を揺さぶられ、世界の見方が変わったそうです。

●起業家の本当の姿

起業家をめぐる誤解で最も多いのは、「リスクを取るのが好きなのだろう」というものです。心理学者のデービッド・マクレランドは著書『達成動機』（未邦訳）の執筆に向けた研究をとおして、起業家が難題への挑戦意欲を掻き立てられるのは、運ではなく主にスキルによって成否が決まる場合だと気づきました。

「起業家はギャンブル好きではない」。それどころか起業家は、リスクを取り除くか最小限に抑えようとして途方もない時間を費やし、成功の確率を高めるために骨身を削るようにして情報を集めます。ですが、**たいていは成功の見込みを高く見積もりすぎる**ため、そのせいでまわりから**「リスクを取るのが好きな人」と見られる**そうです。

また、起業家には**聴き上手**が多いのも特徴です。仲間の気持ちを十分に汲み取り、動機を理解して、チームの一員として成果をあげてもらう必要があるからです。実業家のアンドリュー・カーネギーも、「『他人から深い学び』を得て『自分の小ささを思い知る』体験を受け入れなくてはいけない」という言葉を残しています。

心を広く持ち、有益な情報へのアンテナを高く保つ人が多いのも特徴です。文豪ゲーテは、「分析や批評の視点を持った人物は、何もかもをどこかしら『変だ』と感じるが、ものごとを全体的にとらえたり、前向きな受け止め方をしたりする人物は、ほとんど何に対しても『変だ』とは思わない」と書いています。これは起業家にも当てはまります。

とてつもない苦難つづきの人生を送ってきた人たちも驚くほど、社会起業家は特定のイデオロギーにこだわらないからです。イデオロギーのせいで現実をゆがんだ目で見ると、自分の信条や考えに反する事実を無視してしまうため、問題を解決するうえでマイナスになりかねません。

起業家は、変化をどう乗り越えればよいかをよりよく学ぼうとして、さまざまな政治意識や経歴の人たちと意識的に付き合いを広げます。ある年は、(参加資格が得られれば)世界経済フォーラムに顔を出し、次の年は世界社会フォーラムに出席するのです。

社会起業家として**成功するためには、懐疑や批判が噴出しても動じてはいけません。**ただし、中傷などに惑わされずにすむ反面、自分の欠点、さらには欲望さえも忘れる結果をもたらしかねないという点では、この資質は時として短所にもなりえます。

社会起業家のなかには、自分のアイデアにすべてを傾けるあまり、以前は家庭を築きたいと願っていたにもかかわらず、結婚したり子どもを持ったりする余裕のない人もいます。しかも、彼らは仕事に没頭しすぎるせいで、ワークライフ・バランスを大切にしたいと考える人たちとソリが合わなくなる場合もあります。

●目的を見つけたきっかけ

社会起業家の多くは、「使命を果たそうとしているのだ」という思いを抱いています。これは確信かもしれませんし、直感に根差しているのかもしれません。

さまざまな仕事を経て、ついに自分の信条や能力にぴったりの職と出会うまでのあいだ、ゆっくり醸成されてきた場合もあるでしょう。大きな悲しみやトラウマを経験した人は、他者の苦しみをやわらげたり、自分のような苦難に遭う人を減らしたりすることに意味や安らぎを見出す例があります。

キャンディス・ライトナーは、飲酒運転の常習者によって娘のカリ（当時一三歳）の命を奪われ、その後、飲酒運転に反対する母親の会を創設しました。

また、障がい者運動のリーダーは、自身または子どもが障がいを背負っている例が少なくありません。その他、医師出身の社会起業家は、従来の医療では癒せない苦しみを目の当たりにして転身をはかった場合が多いといいます。

よくある例は、友人、親戚、患者などを助けようとして行動を起こしたところ、同じような状況に置かれた人たちがほかにもいると知った、というものです。こうしてこの仕事にどんどん引き込まれ、元の生活には戻れなくなるのです。

『大胆であれ』（シェリル・L・ドロシー／ララ・ガリンスキー著、未邦訳）という本には〈エコイング・グリーン〉が支援する一二人の社会起業家にまつわるエピソードを紹介しています。この一二人はみな、「義務を感じる瞬間」を経験したのをきっかけに人生の方向を変えて、自身にとっても意義深い仕事に取り組むようになったといいます。

最後に、ひとつ見逃してはならない資質があります。たとえ前途が多難であっても、**小さな成功にこぎつけたらそれを祝い、喜びに変えられる力**です。

社会起業家は長いあいだ献身しなくてはならず、そのあいだには挫折や落胆を何回となく経験します。それでも最後まで歯を食いしばり、仲間を引き入れることができるのは、長い旅路を楽しむ術を知る人々だけでしょう。

⑥ 一般的な起業家との違い

●何を最大化したいか

一般的な起業家と社会起業家の主な違いは、目的、あるいは何を最大化しようとするかにあります。社会起業家にとっては、何らかの目的を持ち、社会に最大限の影響をおよぼすのが至上命題です。そのため、他の組織が誤った措置を取ったり、見落としたりしている緊急性の高い問題に取り組むことが多いです。

一般的な起業家は、「利益や株主の富の最大化」、「顧客への価値提供」、「従業員への意味ある仕事の創出」、「長く存続して尊敬される企業の構築」を主眼におきます。

世の中には両方のタイプの起業家が必要で、どちらか一方のほうが優れている、といった見方はすべきではありません。ただし、社会起業家のほうが、政府の取り組みが効果を生まなかった、あるいは市場での解決がいまだなされていない問題に挑みますから、難易度が高い場合が多いといえるのです。

いうまでもなく、両者には重なる面もあります。社会起業家も事業をとおして利益を得る例が少なくないですし、一般的な起業家も社会的責任に関心を持っています。どちらにしても、起業には「ビジョン」、「イニシアティブ」、「組織づくり」と「マーケティング」の力が不可欠でしょう。スキルやマインドの面では、両者は驚くほど似かよっていますが、主な目的が異なるのです。

●新鮮さ、ダイナミズムも必要

何を達成するために企業や組織を設けるのかは千差万別です。ランニングシューズの世界的メーカーを築きたい、世界最速のコンピュータを開発したい、低所得者向け不動産ローンの市場を拡大したい……。障がい者向けの統合型住宅をつくりたい、発展途上国に多い病気のワクチンを開発したい、貧しい子どもたちに良質な本を届けたい……。

研究者のなかには、社会起業家と一般的な起業家を区別するのは意味がなく、雇用を生み出してニーズを満たしている以上、全員を社会起業家と見なすべきだ、と主張する人もいます。しかし、それは違うと思います。わたしたちは、ポテトチップスなどのスナックを中国市場で発売した経営者を社会起業家とは呼びません。たとえその会社が何百万人もの雇用を創出したとしてもです。

社会起業といえるかどうかの基準は、「社会に最大限の影響力をおよぼそうとする」かどうかだけではありません。「社会起業教育の父」と呼ばれているディーズが指摘したように、**新鮮さやダイナミズムも起業家精神にはつきもの**です。

現在では、「クリーン技術」や「グリーン技術」を扱う何千もの会社が環境問題に挑んでいますが、そのすべてが社会起業の具体例かというと、そうではありません。たとえば、次世代エネルギーと呼ばれるソーラー《太陽光》エネルギー業界においても、既存の市場に既存の製品を売る企業がたくさんあります。

わたしたちは、そのような企業が問題解決に果たす役割を過小評価するわけではありません。ですが、旧来型の企業と、新製品をいち早く世に出したり、業界の変革を目指したり、きわめて難しい状況で市場を切り開いたりする企業とを区別するのは意味があります。

デライト・デザインという小さな会社がちょうどよい例になりそうです。電気の普及していない地域で暮らす人々がいまだ二〇億人もいる状況のもと、この会社は、発展途上国の村やスラム街の住人のために太陽光を活かした安価なランプを提供しようとしています。そうすれば、健康や安全性の面で害があって地球温暖化の原因にもなる灯油を使わなくてすみます。

●ショアバンクと銀行の違い

アメリカにおける社会起業の代表格に〈ショアバンク〉があります。一九七三年にシカゴのサウスサイドにおいて、地域の住宅再建に取り組む実業家に融資を行うために創業し、アメリカ初のコミュニティ開発銀行として、環境にも強く配慮していました。いままでは、二四億ドル規模の企業となり、アメリカの五州に営利型の銀行と社会目的を掲げた関連企業を持ち、コンサルティングと融資を手がけるグローバル組織も傘下においています。

もし、ショアバンクが事業を始めたのが中産階級の多い地域であったなら、わたしたちは、この会社をただ「銀行」（優良銀行）と呼んでいたでしょう。ですが、創業者はあえてシカゴの貧しい地域を事業の場として選んだのです。なぜなら、この地域は中産階級が出て行ってしまい、銀行サービスは無いに等しかったからです。

ショアバンクは、**銀行から見過ごされた地域のニーズに合わせてビジネスモデルを設け、地域の変革を後押ししたのです。**融資をとおして、できるかぎり大きなインパクトを社会におよぼそうと努めながら、高い利益率を享受しました。

もし利益の最大化を目指していたなら、他の多くの銀行が当時行っていたのと同じように、スラム街を避けて営業していたかもしれません。ところがショアバンクは、銀行のなかでただひとつ、貧しい地域の差別的扱いの防止を目的とした画期的な地域社会還元法の精神に従ったのです。

しかも、ふたりの創業者ロン・クズウィンスキとメアリー・ホートンは、ムハマド・ユヌスの招きでバングラデシュを訪れ、銀行業務の経験をグラミン銀行やＢＲＡＣと共有しました。逆に、ユヌスやＢＲＡＣの幹部もショアバンクを訪れて意見交換を行いました。これがアメリカ数州でのマイクロファイナンス事業へと結実し、大物政治家の関心を引いたのです。特にビル・クリントン（当時のアーカンソー州知事）は妻のヒラリーとともに、大統領に就任してからもマイクロファイナンスを応援しました。

しかし、二〇一〇年、ショアバンクは残念な事態に陥りました。社会起業家は、一般企業のほとんどから見放された、打撃の大きな地域社会にサービスを提供しており、事業環境が厳しさを増していたのですが、ショアバンクの事例はそれを劇的なかたちで示したものです。

アメリカで不況がきわまった二〇一〇年八月、一一の子会社や関連会社ではなく、メインのショアバンクが、規制機関から業務停止命令を受けたのです。ショアバンクの貸倒率は創業以来、業界平均よりもプラス〇・一％の水準だけで推移していました。これは、一般の銀行が相手にしない地域だけを対象に業務を行っていたことを考えると、目覚ましい成果をあげていたといえます。

とはいえ、低所得のマイノリティ向けに手ごろな住宅を購入するための融資を大々的に扱っていたうえ、地元の失業率も二〇％超へと跳ね上がったことから、貸倒れ損失が膨らみ、以前より厳しくなった自己資本率規制を満たせなくなってしまいました。最悪の事態が起きたのです。

深刻な景気後退のさなか、株式を新規発行しておよそ一億四八〇〇万ドルもの資金を調達し、ショアバンクはもう少しでこの苦境を乗り切れそうなところまでこぎつけました。何千もの銀行が同じような危機に直面する状況のもと、大きな信頼を得ていたわけです。ところが、連邦政府はショアバンクが必要とした七五〇〇億ドルの追加融資を拒みました。この融資が受けられれば、おそらく破綻せずにすんだでしょう。ちなみに連邦政府は、ショアバンクより遥かに規模が大きく、社会貢献意識などほとんど持たない銀行の救済はしたのです。

ショアバンクが閉鎖された後、資産の大部分は同じような志を持った人々が新設した〈アーバン・パートナーシップ・バンク〉に移管されました。この銀行はショアバンクの債権と地域に投資するという使命を引き継いでいます。ショアバンク傘下の営利子会社は他の社会起業家に売却され、非営利の関連会社は独立組織として着実に業務をつづけています。

●参入する民間企業

さて、社会起業については、まわりの考え方や慣習がどう進化しているか、という観点から理解しなくてはなりません。ある世代にとっては革新的であっても、次の世代にとっては陳腐あるいは時代遅れかもしれません。たとえば、マイクロファイナンスは、産声をあげた時は社会起業の具体例でしたが、その後、利益追求型の既存銀行も同じようなサービスの提供をはじめています。

三〇年におよぶ社会起業家たちの取り組みをとおして、この分野が十分に成り立つことを示したため、商業銀行が参入を決めたのです。社会起業家たちは大きな富を手にしたわけではありませんし、逆に、組織を築くために私財を使い果たした人もいるほどです。いまでは商業銀行のマイクロファイナンス部門が、小口金融向けに巨額を投じると約束しています。もし彼らが責任を持ってこれを実施すれば、数億人、いえ、数十億人に恩恵がおよぶでしょう。もっとも、わたしたちが、銀行の取り組みを「社会起業」と呼ぶとしたら、収益性よりもむしろ、社会的なインパクトを最大化しようとしている場合にかぎります。

この基準を満たしているかどうかは、ふたつの目的のどちらか一方を選ぶよう迫られた際にわかります。**「貧困層よりも富裕層への融資を優先させるのか」**、**「資本コストよりも遥かに高い金利を貧しい融資相手に課すのか」**という問いを突きつけるのです。

最近のサブプライムローン危機は、銀行が利益をあげることに血眼になり、融資がどんな結果をもたらすかを見落としたせいで起きました。マイクロファイナンス分野で同じような危機が持ち上がれば、世界中に痛みをもたらす可能性が高いです。

●変わりゆく起業観

長いあいだ、一般的な起業家は数と注目度の両方で社会起業家を凌いできました。第一線の起業家は、充実した財務・管理サービスの恩恵に浴して、目を見張るような繁栄を築き上げました。世の中に大旋風を巻き起こし、多くは伝説的な存在にまでなりました。

対照的に社会起業家は、資金調達のメドが立ちにくく少しずつしか資金が得られない、という状況と戦わなくてはならず、組織の拡大もゆるやかでした。

設立者が「フォーブス誌」の富裕者リストに載ることもなく、社会起業家の活動に焦点をあてたメディアも存在しません。新聞にスクープされることもなく、企業や政府のリーダーに近い立場でありながら、その役割は注目されないままだったのです。

ですが、このような状況も変わりつつあります。最近では、社会起業の注目度が高まり、より多くの人々が**「人生を賭けてまで築く価値があるのは、どういった企業だろう」**という本質的な問いを自分に投げかけています。

⑦ 政府との違い

●プロセスの違い

わたしたちはともすると、社会起業を「カリスマ的な人物の物語」として片づけてしまいます。前にも書いたように、社会起業とは「問題の解決に向けて取り組みをまとめるプロセス」を指します。これに最初に取りかかるのは起業家本人ですが、実はプロセスそのものに特徴があります。

というのは、政府の取り組みとは違ってボトムアップで進んでいくからです。たいていは、誰かひとりが問題と直接対峙し、「Xというやり方を試みたらどうなるだろう」と素朴な疑問を抱きます。次に試行をして、それに対する反応を受けて軌道修正を行い、さらに試行を重ねます。このあいだに起業家は経験を積んでいきます。リソースを集めるために動きます。

多くの人は、以前の仕事を辞めてから、まだ実績のないアイデアに賭けるように、人々を説得しなくてはなりません。当初、このプロセスには並々ならぬ熱意と労力を要します。謙虚さと信念も欠かせません。というのも、ほとんどの場合、最初は小さな努力と失敗が重なり、大きな成果があがるまでには何年もかかるからです。成果が生まれれば新しい体制ができ上がり、スタッフ、取締役、支援者などがスキル、知識、影響力を持ち寄って新しい手法を提案していきます。

社会起業家は多大なリソースを所持しているわけではありません。また政府とは異なり、決まりを守るよう命じるわけにもいきません。組織外のリソースを活用し、**有意義な目標を明示することによって人々を感化しなくてはならない**のです。

社会起業家が最も本領を発揮するのは、アイデアを示して人々にひらめきを与え、ソーシャル・イノベーションへと乗り出す局面においてでしょう。素晴らしいのは、前向きな前途を指し示すと、具体的に指示しなくても人々の熱意を引き出せることです。

世界中でマイクロファイナンス、特別認可学校《チャーター・スクール》、自立生活センターなどが増えたのも、さまざまな人々が独自に作りあげたおかげです。

●ゆがめられる政策

社会起業は帰納的で外へ広がる特性があります。まずは観察や試行をとおして仕組みをつくり、それを各所でさまざまな人が取り入れていきます。ところが一般に、政府や国際援助機関などが音頭を取った大がかりな取り組みは、これとは逆の流れで進みます。最初は方針をめぐって紛糾し、最後は代理機関をとおして政策を計画・実行するか、どこかに外注するのです。この手法にも他にはない特徴があります。公共政策はえてして、実務レベルの詳細を十分に重んじません。きまりや手順は、汚職やムダを避けるため、あるいは公正さを確保するために設けられており、往々にして臨機応変な対応の妨げになります。

もうひとつの特徴は、現地で何かを変更しようとすると、そのつど、承認を得るのに長い時間がかかりかねない点です。たとえ方針に欠陥があったとしても、それを改めるのは気の遠くなるほど骨の折れる仕事です。ひとたび政策が公表され、予算がつき、予算権益を守ろうとする勢力が生まれると、**成果があがるかどうかとはほぼ無関係にその政策は残されてしまいます。**

政策当局に評価を突きつけるのは、主にジャーナリストや選挙民ですが、彼らは失敗を手ひどく非難し、とても現実的とはいえないような短い期間で成果をあげるよう要求します。このため、選挙の洗礼を受ける政治家は、本物の成果を目指すよりも、差し当たってうまく行っているという体裁を整えようとします。お察しのとおり、このような動きは政策立案をゆがめます。

●資金がつづくかぎり課題と向き合える

社会起業家はこのような窮屈さをあまり感じずにすむため、これが解決策を編み出すうえでの彼らの強みとなっています。奇想天外なアイデアを試したり、実践だけをもとに人材を採用・解雇すればよいのですから。有能な幹部を採用するのも、政府よりも容易です（報酬を支払うゆとりがあればですが）。

なぜなら、誰も「市民寄りの組織に加わったら、メディアから非難されるのではないか」などと心配する必要はありません（経営者の多くは、政府高官のポストに就くことをためらいます）。

何より、**社会起業家は、資金がつづくかぎりはとことん課題と向き合っていられます。**戦略上の画期的なひらめきは、苦節何年もの末にようやくもたらされることが多いです。

グラミン銀行の例でも、七年のあいだ多くの男性に融資を行った後、主な対象を女性に切り替えたのでした。

このような構造的な違いがあるため、社会起業家があれほど創意に富んでやる気を漲らせる一方、政府内部で献身する人々の多くが苛立ちや無力感にさいなまれています。

もちろん、政府も革新性を発揮する場合はあります。特に、組織内の起業家、つまり〝社内起業家〟に裁量を与えれば、革新が実現する可能性は高まるでしょう。

政府組織の内部変革は可能だと示した人物もいます。ニューディール政策の大部分を構想したフランシス・パーキンス。平和部隊を立ち上げたサージェント・シュライバー。ジョンソン政権下で保健教育福祉省を率い、後にホワイトハウス・フェロー制度や公益団体コモンコーズを創設したジョン・ガードナー。さらに、UNICEF（国連児童基金）の元総裁ジェームズ・グラント。グラントはワクチンや経口補水療法を普及させるために凄まじい努力を傾け、何千万人もの子どもたちの命を守りました。

●政府との理想の関係

一般的な起業家と同じく、社会起業家もリスクと背中合わせです。次のイーベイ、グーグル、ツイッターがどこから登場するか誰も予想できないのと同じく、厄介な社会問題への解決策がどこから生まれるかは誰にもわかりません。社会をたゆみなく革新していくには、ウォーレン・バフェットのような投資家が過小評価された企業を探し育てたりするのと同じくらい熱心に、社会起業家の発掘に努めなくてはなりません。

政府と投資家は、どちらも努力しています。しかし、そこから生まれた社会起業は多くが失敗し、一部は成果をあげ、一握りは目覚ましいイノベーションを実現しています。今後は、世の中全体として、草の根的な社会実験をこれまでよりも大がかりに、しかも遥かに体系的に奨励し支援する必要があるでしょう。

とりわけ**政府は、民間から資質溢れるチェンジメーカーを発掘して支援することにより、恩恵を受けるはず**だからです。十分な規模で社会問題に対処するには、社会起業分野の創造性、俊敏性、実務面の優位性を、政府のリソースや権威と組み合わせる必要があるのです。

⑧社会活動家にはできないこと

●姿勢を改めるのが活動家

社会活動家を社会起業のひとつの流儀、変革を前進させるための数ある戦術のひとつだとする見方もあります。両者の最も単純な違いは何かというと、社会活動家は一般に、**大きな組織の判断に影響をおよぼしたり、世の中の姿勢を改めたり**して、変革を起こそうとします。一方で社会起業家は、より幅広い選択肢を追求します。みずから組織を築いて問題解決を図るのもそのひとつです。

社会活動家の多くは仕事をするうえで行動を重視しています。政府、企業、大学、WTO（世界貿易機関）などの組織に変革を促す運動を仕かけるのです。〈1Sky〉、〈350.org〉、〈エネルギーアクション連盟〉などの団体は数十万人を組織化して、地球温暖化をめぐるアメリカの環境政策を変えようとしています。〈大量虐殺阻止ネットワーク（Genocide Intervention Network）〉は何千人もの学生活動家を組織化して、スーダンのダルフール地方、コンゴ共和国ほかの大がかりな残虐行為にもっと強い態度で臨むよう政府に迫っています。ここ何十年か、地雷の廃絶や、女性、同性愛者、少数民族、身体障がい者などの法的保護を目指す運動は社会活動家が中心となって推し進めてきました。

社会活動家と社会起業家は、直接的な問題解決に向けた取り組みの歩調は揃えています。たとえば障がい者支援の分野では、昔の社会起業家は視聴覚が不自由な人々のために学校を設け、別の障がいを抱えた人々のために学習環境を改善しました。この数十年は、障がい者向けの働き場所や自立生活センターを用意しました。

これらのイノベーションによって新しい可能性が開かれ、障がい者もかつて考えられていたよりも遥かに自立して満足のいく生活を送れる――そして、従来とは比べものにならないほど社会に溶け込めると証明されました。

ですが、ほとんどは民間資金による小規模な組織であるため、障がい者への差別を広く解消するにはほど遠かったのです。障がい者支援を訴える人々は、「法律のもと、公立学校、大学、企業が障がいだけを理由に入学や採用を拒める仕組みが残っている以上、障がい者は社会の片隅に置かれたままだ」と考えました。

そこで一九七〇年代、障がい者向けに支援サービスを提供するのではなく、はっきりと社会活動家を掲げた組織が生まれました。目標は、障がい者のおかれた状況を多くの人に知ってもらい、法律や世の中の決まりを変えることです。こうした組織の草分けのひとつ

〈ディスアビリティ・イン・アクション〉は一九七七年、連邦政府の建物のワンフロアを二五日間にわたって占拠し、全米の注目を集めました。

これをきっかけにアメリカ政府は、障がい者差別を禁止する初の法律を制定しました。対象となったのは、連邦政府の資金で運営される組織や政府の発注先です。一九九〇年には、数多くの同じような活動が実を結び、画期的な障がい者法が成立しました。

●不公平や苦難の存在を知らせる

活動家は有権者と消費者の数や思いの強さを政治家や企業幹部などのリーダーに見せつけて、自分たちの要求や怒りに注意を払わないわけにはいかない状況へと彼らを追い込みます。ですが、長期的な変革戦略として見るなら、こうした活動の最大の成果は行動を迫ることよりもむしろ、**不公平や苦難の存在を世の中に知らせて、思いやりや理解を引き出すこと**でしょう。

その格好の事例はガンジーが一九三〇年に行った「塩の行進」です。この行進でガンジーは、インド人に塩づくりを禁じた一見したところささいな禁止事項に焦点をあてて、植民地支配がいかに不合理であるかを浮き彫りにしたのです。

表面的にはいとも単純な計画でした。ガンジーは塩をつくると宣言し、内陸部の僧院からインド洋沿いにあるボンベイの塩原へと何日もかけて歩いていったのです。彼は、四〇〇キロ近い行程を歩くあいだに少しずつ世間の不安や緊張が募り、やがては植民地政府との対決へとつながるはずだと考えました。ついにインド洋岸にたどり着くと、おおぜいのジャーナリストを含む何万もの人々が見守るなか、かがんで塩をつかみ、高く掲げました。そして、彼はすみやかに逮捕されました。

六万を超えるインド人がガンジーの行動に倣いました。彼らの多くはその後、イギリス政府の手先として働く兵士たちに殴られて血を流しました。それでも活動家らは無抵抗を貫きました。尊厳に満ちた男女を兵士たちが残忍に殴る様子が世界中に伝えられ、植民地主義のおぞましさに厳しい視線が集まったのです。

何年もの後、マーティン・ルーサー・キング・ジュニア率いるアメリカの公民権運動家が、ガンジーに倣い、たがいの手を取って歌いながら南部の街を穏やかに行進しました。その彼らに冷酷に襲いかかったのは、暴動対策の装備、棍棒、消防ホースを用意し、獰猛な犬を従えたおおぜいの警官隊でした。学者のあいだでは、こうした対立の模様が何百万もの家庭に伝えられたことが、アメリカの黒人の状況を多くの人々に知らせるうえで重要な役割を果たしたといわれています。

●企業やアメリカ陸軍と組む社会起業家

最近の社会起業家とかつての活動家のあいだには、ひとつ根本的な違いがあります。歴史上の活動家は、権力を持たないアウトサイダーとして取り組みをつづけました。いわば、豪邸の門前に押し寄せる招かれざる客のようなものでした。他方、社会起業家は、変革を実現するために外側と内側からの両面作戦を展開します。

たとえば近年では、環境問題に挑む社会起業家はウォルマート、ゼネラル・エレクトリック（GE）などの企業やアメリカ陸軍などとじかに手を組み、環境にやさしい習慣の啓蒙に努めています。**活動家は企業に対して外側から変革の必要性を説きますが、社会起業家は組織内部に働きかけて何をすべきかを示してきました。**

ここからは社会起業をめぐるとても大切な知見が得られます。圧力を受ける側の組織は往々にして、変革の要求にどう対応していいかわからずにいるのです。

一例として、環境活動家は「企業の経営者は、利益をあげつつ事業の在り方を改める方法を知っているはずだ」と思い込みがちです。ところが、環境問題やグローバル経済がらみの新たな圧力に直面すると、多くの経営者はどうしていいかわからず身構えてしまいます。

このような人々に過去を断ち切らせるには、槍玉に挙げたり、不買運動をしたりするだけでは足りません。**どう将来を切り開けばよいのかを示さなくてはならない**のです。助言をしないかぎり、角突き合わせることになります。

チェンジメーカーを志す人々はたいてい、変革の建設的な側面を見落としてしまいます。教育の分野では、たしかに、教育政策を改めるには政治動員が欠かせません。ですが昨今では、優れた教員に目星をつけて、長く働いて能力をいっそう伸ばしてもらうために、何か方法を見出さなくてはなりません。

しかも、教員の仕事に向かない人材であれば、できるだけ早くべつの道に進ませることも必要になります。そのためには、政治力だけではなく実績ある解決策が求められます。

いまでは、怒りの声をあげることよりも問題の解決に関心を向ける社会運動が起きています。『ニューヨーク・タイムズ』のコラムニスト、ニコラス・D・クリストフはこう書いています。

「学生運動はいつの時代にもあった。わたしのころにはたいていは抗議が中心だったが、驚いたことに、最近では、**何か前向きな活動をするために組織を立ち上げる例もあるようだ。これはいわば社会起業革命だろう。**わたしはこの動きに畏敬の念を抱いている」

⑨ 民主主義だからできること

●どうやって味方につけるか

市民生活を形づくる力を多くの人々が手にすることで、民主主義が花開きます。社会起業とは、まさにこれを実現するための取り組みです。選出されたり、指名された一握りのエリートだけではなく、**一般の人々、それもおおぜいが問題解決のリーダーシップを取り、成果をあげる方法を学んで初めて、人々は「市民」としての力に対する自信をつけるようになります。**また、社会全体としても変化への適応力や危機からの回復力を高めることができます。

〈アショカ〉は**ベルリンの壁が崩壊した五年後に、旧東欧圏のあちらこちらで多数の社会起業家が誕生する様子に気づきました。**彼らはすでに学校や環境保護団体などの設立に乗り出し、共産主義下で権力を振るった官僚機構に取って代わろうとしていたのです。

民主主義とはたゆみない順応のプロセスでもあります。市民がその時々の必要に応じて組織や制度をつくろうとするのです。たとえば二〇世紀には、豊かな民主主義国の市民は、多様な公共財やセーフティネットを用意するよう政府に強く求めました。

具体的には、公立学校、社会保障制度、貧困者や高齢者のための健康保険制度などです。こうして政府の役割は著しく拡大し、各種のサービスを提供する一方、外部に多様なサービスを発注するようになりました。

ですがここ数十年というもの、それらサービスの多くが目標を達せずにいることがはっきりしてきました。たとえば、公立学校が相当数の生徒をうまく教育できずにいる例が散見されます。里親制度はたいてい、子どもの成人後の行く末までは考えていません。刑事司法制度のもとでは、ちょっとした法律違反をしただけの人が常習犯になってしまう例が多いのが現実です。

このような状況を受けて、市民の手でさまざまな組織が設けられています。以前の解決策が原因で生じた問題を解消へと導くためです。

今日ではたとえば、メンフィスの〈ユース・ビレッジズ〉が家庭を基盤とした里親制度の改善を進めています。以前は、家庭環境に恵まれない子どもは年季奉公人のような待遇で矯正院に送られていましたし、それよりさらに昔は、貧窮者収容施設に入れられ、放置や虐待などが長く行われていたことを考えると、里親制度もかつてより前進しています。

●非民主化国家での事例

この三〇年間、世界を股にかけて活動する社会起業家は、民主化されていない社会、あるいは民主主義が十分に根づいていない社会で市民のパワーに火をつけて強めるうえで、自分たちのスキルや姿勢が役立つことをも示してきました。

市民が立ち上がって問題にうまく対処すると、まわりの人々もそれを見て勇気づけられ、**最初は「変革は可能だ」と感じ、次に、どうすれば自分たちで変革を前に進められるかを学ぶ**のです。

一九八〇年代初めのブラジルが好例です。当時はまだ軍政が敷かれていましたが、軍部や産業界の覇権に挑むよう、社会起業家が市民の背中を押しはじめていました。市民のリーダーが土着民やゴム樹液採取者を組織化して、アマゾンの熱帯雨林を焼き払うことや伐採に対抗し、これに触発された人々がパンタナル湿地や大西洋熱帯雨林の保護に乗り出しました。

バヒーア州ではオロドゥンという文化団体が、教育、経済、政治などの分野でアフロ・ブラジリアン（アフリカ系ブラジル人）の立場を強める機会としてリオのカーニバルを活かして、その実績を世の中に示しました。すると、これに啓発されたブラジル全土の黒人コミュニティが、地元の文化団体を基盤にして経済・政治の変革に乗り出しました。

同じような動きとして、一九七〇年代から八〇年代にかけての東欧では、原始林、自然河川、絶滅危惧種などの保護を目指す環境保全主義者らが、市民活動の組織面での土台づくりを行い、それがやがて一九八九年のベルリンの壁崩壊を引き起こすまでになったのです（環境運動は中国において今日でも、市民運動の最前線としての役割を担っています）。**ブラジルや旧東欧では、おびただしい数の市民団体がこれまでに確かな成果を築き上げたため、独裁時代に逆戻りする可能性はまずない**でしょう。

●貧困国で何ができるか

豊かな民主主義国の社会起業家は、新しい組織や制度を築くだけでなく、古い組織や制度の刷新に同じくらいの時間を費やしています。ところが、国内が荒廃した貧しい弱小国では、欧米の民主主義国では当然のように満たされている基本的なニーズに重点をおく例が多いです。

一例としてインドでは、目覚ましい経済発展にもかかわらず、児童の四〇％以上は低体重の状態にあります。インドほか発展途上国の社会起業家の多くは、飲料水の確保、最低限の医療や教育の提供、電気の普及、衛生や栄養状態の改善などに重点的に取り組んでいます。発展途上国ではこれらが公共財と見なされているのです。

人口構成上の重要な違いとして、発展途上国では貧困層が人口の大半を占めるという現実があるため、貧困は政治の最大のテーマになっています。そのため、先進国と比べて社会起業家が政策当局者に面会しやすいのです。

他方、リソースの面では大きな制約があります。先進国では貧困層はマイノリティですから、彼らの抱える問題や不安はともすれば政策立案者から見過ごされてしまい、資金ではなく政治の意向が制約として立ちはだかるわけです。政策を決める人々の関心を引くには、資金に物を言わせたロビイストや多数の利益団体と張り合う術を身につけなくてはなりません。

世界でひときわ貧しい国々はほとんど民主化されていないため、規模の大小にかかわらず社会起業家が活動できる余地はきわめて小さいという現実があります。ポール・コリアーは『最底辺の10億人』(日経BP社)において、世界で最も貧しい一〇億人はおおむね、武力紛争、天然資源への過度の依存、世界からの物理的な隔絶、悲惨なまでの統治欠如などを特徴とする国で暮らしている、と書いています。

このような状況では、政府は仮に仕事をしていたとしても腐敗や非効率にまみれており、暴力も日常茶飯事です。市民団体の手で初歩的な教育、医療、経済の発展に向けた取り組みが行われているかもしれませんが、ほとんどの場合、最低限のものに留まっています。**最低限の安全と社会秩序が保たれていないかぎり、社会起業の活性化は期待できないのです。**

ＢＲＡＣは現在、アフガニスタンで最大のマイクロファイナンス組織となっていますが、この躍進は多大な犠牲のうえに成り立っています。これまでに何人ものスタッフが、誘拐に遭ったり殺害されたりしているのです。

社会起業が拡大をつづければ、いずれ民主主義は新たな段階を迎え、**市民がよりよい社会を実現しようとして組織の構築、充実、刷新に熱心に携わり、民主主義に活力をもたらす**かもしれません。そうなると、市民の役割も定義しなおされるかもしれません。

アメリカとカナダでは、市民はいわば最小限の役割を果たしているだけです。よき市民は選挙の際に投票し、税金を支払い、法律に従い、兵役義務を果たします。それ以外、たとえばボランティア活動、隣人の手助け、社会問題への対応などは、尊敬の対象にはなりますが、あくまでも義務ではなく自由な意思に委ねられます。

主な義務でさえも、受動的な性格が強いです。投票とは要するに権限を誰かに委ねることですし、兵役に実際に就く人の比率はかなり低く、税金にしても大多数は渋々払っています。

「市民である以上、社会に奉仕する義務がある」という考え方は、社会全体で共有されてはいません。市民は国に奉仕すべきだと訴える一部の人は、「アメリカの市民や居住者はすべて、一年または二年ほど公務に就く義務を負う」とする法律の成立を願っています。

アメリカやカナダでは現在のところ、この理念の実現に向けて動く政治団体はありません。社会のセーフティネットを充実させるための納税は重視していますが、**家族以外の人たちの幸福や福祉のために責任を果たすよう市民に求めません**し、それを当然のこととして期待したりもしないからです。

●アダム・スミスと個人主義

個人主義的な発想は、部族社会、軍隊、スポーツチームなどをバラバラにしかねませんが、現代の民主主義ではこれを受け入れています。なぜそうなったのかを問いかけるのは、意味ある行いでしょう。答えの一部を導き出すうえでは、アダム・スミスの有名な「見えざる手」という概念と、それが個人と社会の関係をめぐるわたしたちの理解にどう影響してきたかを知ることが、役に立ちます。

「見えざる手」とは、市場の調整機能をとおして経済活動が行われる神秘的なプロセスを指します。アダム・スミスは、おおぜいの個人がおのおの狭い範囲の利益を追い求めると、はからずも全体の利益を最大化することになる、と説きました。この考え方は多くの場合に当てはまります。

ですが、「見えざる手」には大きな欠陥もあります。自己利益を公共の美徳へと変容させるため、**市民が社会全体のことを考えずにすむ状態を生み出し、事実上、あらゆる人の責任感の範囲を狭めてしまう**のです。経済学史上でおそらく最も有名なこの概念が土台となって、現代の「各人は自分への責任だけを引き受ければ、社会福祉を享受できる」という怪しげな考えが生まれたのかもしれません。

市民のあり方についてはべつの解釈もできるでしょう。個人として、そしてまた地域社会の一員として、望ましい社会をつくるために意識して積極的な役割を果たす人を、「よき市民」と定義することも可能ではないでしょうか。

アメリカの建国の父たちは、みずからの経済的利益を追求するだけでなく、新しい国のビジョンを実現するために制度や組織を設けました。そして、市民の責任がいかに大きなパワーにつながるかを見せつけたのです。彼らの示した模範を、現代に合ったかたちで踏襲した例が社会起業の分野にあります。市民としての責務を果たそうとして、制度や組織づくりに加わったり、社会問題の解決に取り組んだりする例が珍しくないのです。

このような変革の陰には、従来の制度や組織では最近のニーズに応えられないという事情があります。世の中の変化が目まぐるしいですから、問題を解決するには以前よりも多くの人にかかわってもらう必要があります。**経済を繁栄させるには、多くの人が新規ビジネスを立ち上げてさまざまな方法で事業に尽くさなくてはなりません。**変化にうまく順応できる社会をつくるには、多くの人が解決策を考えてその実現に向けて力を合わせなくてはならないのです。

今日では、「見えざる手」は利益追求だけでなくそのほかの活動をも調整していることがわかります。変革の担い手が新しい問題や機会を受けて解決策を探す際にも、「見えざる手」の出番になります。具体例を示しましょう。環境団体が凄まじい勢いで増えたのは、その必要性が差し迫っている合図が市場から出され、参入障壁が低くなったからです。アメリカ国内でも、同じ理由によって教育・医療分野の社会起業家が急増しました。

市民が活発に責務を果たすというビジョンは、ジョン・ガードナーが『自己再生』（未邦訳）で見事に描いています。

「機械は一度つくればその後は最小限のメンテナンスですむかもしれないが、社会はそれとは違う。構成員の手によって、よかれ悪しかれ絶えずつくりなおされているのだ。これを煩わしい負担と受け止める人もいれば、偉業を成し遂げようと考える人もいる」

社会起業家になるための12のマインド

誰かが問題を解決してくれるのを待つ	→	① 自分（たち）で何とかしてみせる
大きな問題は複雑すぎて解決できない	→	② どんな問題でも解決してみせる
使える労力はあらかじめ決まっている	→	③ 労力を掻き集めれば、いくらでもある!!
短所ばかり気にする	→	④ 長所に着目する
ピラミッド型の官僚的な組織	→	⑤ 柔軟なチーム編成
一方向の上意下達	→	⑥ 全方位型の意思伝達
四半期ごとの利益に気を揉む	→	⑦ 数世代先の利益を見据える
ヒーローだけが変革者になれる	→	⑧ 誰もが変革者になれる
問題の原因ばかりにとらわれる	→	⑨ いまできる変革に乗り出す
使い捨て型	→	⑩ リサイクル型
トップダウン	→	⑪ 共創《コ・クリエーション》
過去からの継続	→	⑫ 絶えざる進化

12 MINDS

□ 14　ディナー集会を企画して、
自分のアイデアについてみんなで話し合おう

□ 15　ささやかでもよいから、
すぐ達成できる目標をつくり仲間を集めよう

□ 16　公開討論会で質問をしよう

□ 17　さまざまな政治観に耳を傾けよう

□ 18　尊敬する人たちに助言を求めよう

□ 19　偉人の伝記を読んでみよう

□ 20　新たな分野や業界、国に身をおいてみよう

□ 21　人前で話す訓練を積もう

□ 22　ファイナンスを勉強しよう

□ 23　交渉スキルを身につけよう

□ 24　ひらめきを大切にしよう

□ 25　原則には忠実に、やり方は臨機応変に

25 STEPS

✓社会起業家になるための25のステップ

- □ 1　目的を持ってスタートしよう
- □ 2　自分の得意分野に取り組もう
- □ 3　自分のアイデアを他の人に聞いてもらおう
- □ 4　アイデアを売り込む練習をしよう
- □ 5　取り組もうとしている問題の背景を学ぼう
- □ 6　どう現状を変えていくか作戦を練ろう
- □ 7　成果のはかり方、評価の仕方を考え続けよう
- □ 8　どんな小さな勝利もたたえよう
- □ 9　新しいつながりを生み出そう
- □ 10　達人について修業しよう（無償でもよいから働かせてもらおう）
- □ 11　政治運動のボランティアを買って出よう
- □ 12　新聞や雑誌に投稿しよう
- □ 13　新聞の記者や議員に会いに行こう

第2章

『クレイジーパワー：社会起業家——
新たな市場を切り拓く人々』（英治出版、2008年）

Elkington, John and Pamela Hart-ingan. *The Power of Unreasonable People: How Social Entre-preneurs Create Markets That Change the World.* Cambridge, Mass: Harvard Business School Press, 2008

『フィランソロピー資本主義』（未邦訳）

Bishop, Mathew and Michael Green. *Philanthrocapi-talism: How the Rich Can Save the World.* New York: Bloomsbury Press, 2008

『社会と環境への影響に投資する』（報告書）

Freireich, Jessica, and Katherine Fulton, *Investing for Social and Environmental Impact,* Monitor Institute 2009 [http://www.monitorinstitute.com/impactinvesting]

『カリスマ的な組織』（未邦訳）

Sagawa, Shirley and Deb Jospin. *The Charismatic Organization: Eight Ways to Grow a Nonprofit That Builds Buzz, Delights Donors, and Energizes Employees.* San Francisco: Jossey-Bass, 2008

『科学的管理法』（未邦訳）

Taylor, Frederick Winslow. *The Principles of Scientific Management.* New York BiblioLife, 2008

『共有型評価尺度のブレークスルーと
社会へのインパクト』（論文）

Kramer, Mark, Marcie Parkhurst and Lalitha *Vaidyanathan. Breakthroughs in Shared Measurement and Social Impact.* Boston: FSG Social Impact Advisors, 2009

『社会的企業のためのシンプルな評価尺度』（記事）

Trelstad, Brian, *"Simple Measures for Social Entrep-reneurship,"* Innovations, Summer 2008

『善をなす力』（未邦訳）

Crutchfield, Leslie, and Heathre McLeod Grant. *Forces for Good. The Six Practices of High-Impact Nonprofits.* San Francisco: Jossey-Bass, 2007

第3章

『入門経済思想史　世俗の思想家たち』
（筑摩書房、2001年）

Heilbroner, Robert. *The Worldly Philosophers: The Lives, Times and Ideas of the Great Economic Thinkers.* New York: Simon & Schuster, 1999

『ザ・コーポレーション』（早川書房、2004年）

Bakan, Joel. *The Corporation: The Pathological of Profit and Power.* New York: Free press, 2004

『鎖を埋める』（未邦訳）

Hochschild, Adam. *Bury the Chains: Prophets and Rebels in the Fight to Free an Empire's Slaves.* New York: Houghton Miffin, 2005

『クリエイティブ資本論』（ダイヤモンド社、2008年）

Florida, Richard. *The Rise of the Creative Class: And How It's Transforming Work, Leisure, Community and Everyday Life.* New York: Basic Books, 2002

『達成動機』（未邦訳）

McClelland, David. *The Achieving Society.* New York: Free Press,1999

『大胆であれ』（未邦訳）

Dorsey, Cheryl and Lara Galinsky. *Be Bold: Create a Career with Impact.* New York: Echoing Green, 2006

『貧困からの自由』（明石書店、2010年）

Smillie, Ian. *Freedin frin Want: The Remarkable Success Story of BRAC, the Global Grasroots Organization That's Winning the Fight Against Poverty.* Sterling, VA: Kumarian Press, 2009

『社会起業：用語の定義』（論文）

Martin, Roger, and Sally Osberg. *"Social Entrepreneurship: The Case for Definition,"* Stanford Social Innovation Review, Spring, 2007

『最底辺の10億人』（日経BP社、2008年）

Collier, Paul. The Bottom Billion: Why the Poorest Countries Are Falling and What Can Be Done About It. New York: Oxford University Press, 2007

『自己再生』（未邦訳）

Gardner, John. Self-Renewal: The Individual and the Innovation Society. New York: Norton, 1995

主な参考文献一覧

はじめに

『細胞から宇宙へ』(未邦訳)

Thomas, Lewis. *The Lives of a Cell*: Viking Adult, 1974

第1章

『サステナビリティ革命―ビジネスが環境を救う』(ジャパンタイムズ、1995年)

Hawken, Paul. *The Ecology of Commerce: A Declaration of Sustainability.* New York: HarperCollins, 1993

『文化の創造者』(未邦訳)

Ray, Paul H., and Sherry R. Anderson. *The Cultural Creatives: How 50 Million People Are Changing the World.* New York: Three Rivers Press, 2001

『ノンゼロ:人間の運命についての理論』(未邦訳)

Wright, Robert. *Nonzero: The Logic of Human Destiny*: Vintage, 2001

『0歳児の「脳力」はここまで伸びる』(PHP研究所、2003年)

Gopnik, Alison. *The Scientist in the Crib: What Early Learning Tells Us About the Mind*: William Morrow Paperback, 2000

『素晴らしいアイデアのひらめき』(未邦訳)

Duckworth, Ekeanor. *The Having of Wonderful Ideas: And Other Essays on Teaching and Learning.* New York: Teachers College Press, 2006

『能力をめぐる神話』(未邦訳)

Mighton, John. *The Myth of Ability: Nurturing Mathematical Talent in Every Child.* New York: Walker, 2004

『「やればできる!」の研究』(草思社、2008年)

Dweck, Carol. *Mindset: The New Psychology of Success.* New York: Ballantine Books, 2007

『社会起業の探求』(未邦訳)

Light, Paul C. *The Search for Social Entrepreneurship.* Washington D.C.: Brookings Institute Press, 2008

『社会起業の振興に向けて:議会と政府への提言』(論文)

Wolk, Andrew. *"Advancing Social Entrepreneurship: Recommendations for Policy Makers and Government Agencies".* Aspen Institute, Root Cause, 2008

『貧困のない世界を創る』(早川書房、2008年)

Yunus, Muhammad, with Karl Weber. *Creating a World without Poverty: Social Business and the Future of Capitalism.* New York: Public Affairs, 2007

『ネクスト・マーケット』(英治出版、2005年)

Prahalad, C.K. *The Fortune at the Bottom of the Pyramid.* New York: Wharton Business School Press, 2005

『自然資本の経済』(日本経済新聞社、2001年)

Hawken, Paul, Amory Lovings, and L. Hunter Lovins. *Natural Capitalism: Creating the Next Industrial Revolution.* New York: Little, Brown, 1999

『HIP投資家』(未邦訳)

Hermam, R. Paul. *The HIP Investor: How to Do Good for Your Portfolio and an Empire's Slaves.* New York: Houghton Mifflin, 2005

『財団』(未邦訳)

Fleishman, Joel. The Foundation: *A Great American Secret.* New York: Public Affairs, 2007

『アンコール』(未邦訳)

Freedman, Marc. *Encore: Finding Work That Matters in the Second Half of Life.* New York: Public Affairs, 2007

『祝福を受けた不安』(バジリコ、2009年)

Hawken, Paul. *Blessed Unrest: How the Largest Movement in the World Came into Being and Why No One Saw it Coming.* New York: Little, Brown, 1999

『明日を支配するもの』(ダイヤモンド社、1999年)

Drucker, Peter. *Management Challenge for the 21st Century.* New York: Harper Business, 1999

『大学教師の自己改善』(玉川大学出版部、2000年)

Palmer, Parker. *The Courage to Teach: Exploring the Inner Landscape of a Teacher's Life.* San Francisco: Jossey-Bass, 2007

『ブルーセーター:引き裂かれた世界をつなぐ起業家たちの物語』(英治出版、2010年)

Novogratz, Jacqueline. *The Blue Sweater: Bridging the Gap between Rich and Poor in an Inerconnected World.* New York: Rodale, 2009

『リーディング・チェンジ』(未邦訳)

O'Toole, James. Leading Change: *The Argument for Values-Based Leadership.* New York: Ballantine Books, 1996

—

ユース・ビレッジズ　Youth VILLAGES

[本部所属国] USA　[設立年度] 1986年　[設立者] Dogwood Village, Memphis Boys Town
[テーマ] 非行の子どもの生活再建支援　[URL] http://www.youthvillages.org/
州立児童施設で育った子どもが、家族と安全で適切な環境で暮らせるようホームケアやメンター制度などの活動を通し支援を行っている。毎年20州17000人の子どもにプログラムを提供している。プログラムを受けた子どもの80%が家族とともに家で生活することに成功している。

—

ユース・ベンチャー　Ashoka's youth venture

[本部所属国] USA　[設立年度] 1996年　[設立者] Ashoka
[テーマ] 若者向け社会起業支援　[URL] http://www.genv.net/
若者が社会起業を立ち上げ、継続できるようサポートする。ワークショップやオンライン・ツール、社会人メンターやグローバルなチェンジメーカーのネットワーク、10万円までの立ち上げ資金を世界20カ国で提供している 。

—

ユースノイズ (現在は、モビライズ・ドット・オルグ)　Mobilize.org

[本部所属国] USA　[設立年度] 2002年　[設立者] David B. Smith
[テーマ] 社会問題に関心がある若者のためのSNS　[URL] http://youthnoise.com (http://mobilize.org/)
2000年代に成人を迎える1976年から1996年生まれの人々 (Millennials) を対象に、彼らの特徴を活かして、起業家精神を発揮し、社会問題について考え、解決策をつくり実行できるよう、サミットの開催、プロジェクト実現にむけての支援、情報提供を行っている。

—

ラグマーク・インターナショナル (現在はグッドウェーブインターナショナル)　GoodWeave International

[本部所属国] USA　[設立年度] 1994年　[設立者] Kailash Satyarthi
[テーマ] 児童労働撤廃　[URL] http://www.goodweave.net/
南アジアの絨毯産業において児童労働を撤廃するための基準・認証制度の設置や児童教育などの活動を行っている。

—

ルーツ・オブ・エンパシー　Roots of Empathy

[本部所属国] Canada　[設立年度] 1996年　[設立者] Mary Gordon
[テーマ] 共感力教育　[URL] http://www.rootsofempathy.org/
幼稚園から8級までの児童に対し、共感力を育てるプログラムを提供している。赤ん坊を持つ母親を授業に招き、赤ん坊の行動や表情を観察させることで共感力を伸ばす内容となっている。現在活動が7カ国に広がっている。

ファーストブック　First Book

[本部所属国] USA　[設立年度] 1992年　[設立者] Kyle Zimmer, Peter Gold, Elizabeth Arky
[テーマ] 児童向け書籍提供サービス　[URL] http://www.firstbook.org/
出版社と地域社会をつなげ、本を必要とする低所得者層の子どもたちに新書を提供する活動を行う。2011年現在までにアメリカ・カナダにおいて8500万冊に及ぶ新書を届けている。

BRAC《ブラック》　Bangladesh Rural Advancement Committee

[本部所属国] Bangladesh　[設立年度] 1972年　[設立者] Sir Fazle Hasan Abed
[テーマ] 貧困撲滅　[URL] http://www.brac.net/
世界最大級のNGO。経済、福祉、保健医療、教育などに加えて、法律相談や人権教育など幅広い貧困撲滅活動をアジア、アフリカなどの9カ国以上で手がける。

プランド・ライフタイム・アドボカシー・ネットワーク　Planned Lifetime Advocacy Network

[本部所属国] Canada　[設立年度] 1989年　[設立者] Joan Lawrence, Jack Collins, Al Etmanski, Vickie Cammack　[テーマ] 障がい者支援　[URL] http://plan.ca/
障がい者とその家族が快適な生活を送ることを目的とし、ポータルサイトでの情報提供や、地域社会との関係構築のための、トレーニング、コンサルティング、リサーチ、ダイアログの開催などさまざまな活動を展開している。

フリー・ザ・チルドレン　Free the Children

[本部所属国] Canada　[設立年度] 1995年　[設立者] Craig Kielburge, Marc Kielburger
[テーマ] 子どもによる子どもの貧困解決　[URL] http://www.freethechildren.com/
当時12歳だった少年が創立した団体。世界の子どもの貧困問題、搾取の問題解決、さらに若者のリーダーシップ育成を目的に、カナダやアメリカの子どもたちが世界の貧困問題について学ぶ機会を設け、発展途上国での活動資金を、子ども達が広告塔となってファンドレイズする。このように集まった資金を、途上国の人々の健康診断、きれいな水の提供、教育・自立支援に使う。現在は世界45カ国で活動している。

ブリッジスター　Bridgestar

[本部所属国] USA　[設立年度] 2001年　[設立団体] Bridgespan Group
[テーマ] 社会セクターのリーダーシップ開発・キャリア支援　[URL] http://www.bridgestar.org/Home.aspx
非営利組織の人材採用ポータルサイト。市民セクター団体が幹部クラスの優秀な人材を確保し成長していくことを目指し、非営利組織にはリクルーティングのノウハウを、非営利組織で働きたいと考える個人にはどのように市民セクターでキャリアをつくるかを、ウェブサイトで情報発信している。

ブリッジスパン　Bridgespan

[本部所属国] USA　[設立年度] 2000年　[設立者] Bain & Company
[テーマ] 社会セクターの支援　[URL] http://www.bridgespan.org/
社会セクター団体に対し、戦略的コンサルティングや経営者クラスの人材紹介、各種アドバイザリーサービスを提供する。

マインドトラスト　The Mind Trust

[本部所属国] USA　[設立年度] 2006年　[設立者] Bart Peterson, David Harris
[テーマ] 教育改革　[URL] http://www.themindtrust.org/
インディアナポリスの教育改革を目指すNPO。教育改革を目指す有望な社会起業家に対するフェローシップ、新たな学校（チャータースクール）設立に対する資金援助、アメリカの先進的な教育モデルをインディアナで実施するためのベンチャーファンドの設立を行っている。

—

ハーレム・チルドレンズ・ゾーン　Harlem Children's ZONE, Inc.

[本部所属国]USA　[設立年度]1970年　[設立者]Geoffey Canada
[テーマ]教育を通じたハーレムの貧困撲滅　[URL]www.hcz.org/
ニューヨーク・マンハッタンのハーレム街再生を目的に、妊婦と0歳から3歳児の両親対象のワークショップ、小・中・高校(チャータースクール)の運営および、ハーレム街にある他の学校のサポート、大学進学サポートなどを行う。ハーレムの1ブロックから始まったプロジェクトは現在97ブロックに広がっている。

—

ビル&メリンダ・ゲイツ財団　Bill and Melinda Gates Foundation

[本部所属国]USA　[設立年度]2000年　[設立者]Bill Gates, Melinda Gates
[テーマ]世界最大の財団　[URL]www.gatesfoundation.org/
マイクロソフト会長のビル・ゲイツと妻メリンダによって創設された世界最大の財団であり、世界における病気・貧困への挑戦を主な目的としている。特にアメリカ国内においては教育や公共図書館を拠点にIT技術に接する機会を提供する活動を行っている。2006年には世界一の投資家であるウォーレン・バフェットが300億ドルにのぼる寄付をしたことも知られている。

—

ビジョンスプリング　VisionSpring

[本部所属国]India　[設立年度]2001年　[設立者]Jordan Kassalow, Scott Berrie
[テーマ]安価な眼鏡の普及　[URL]http://www.visionspring.org/home/home.php
発展途上国で安価な眼鏡を販売。「視力起業家」(Vision Entrepreneur)として各地域の人々を社員として雇用し、専門トレーニングと販売キットをもった彼らが、地域で目の検査と眼鏡の販売を行う。これまでに9000人の視力起業家が87万個以上の眼鏡を販売した。

—

ピースゲームズ Peacegames(現在はPeace First)

[本部所属国]USA　[設立年度]1992年　[設立者]Eric D. Dawson
[テーマ]紛争解決能力の向上　[URL]http://peacefirst.org/
学校での暴力事件を撲滅するため、若手ボランティアが幼稚園、小学校に出向き、子どもたちに紛争解決のスキルを身につけるプログラムを実施。年齢に合わせたカリキュラムで、他者とのコミュニケーション、争いをなくし平和をつくる方法を学ぶ。これまでに、4000人のボランティアが、40000人の子どもにプログラムを提供。2500人の学校教師のトレーニングも行った。

—

ピースコープ　Peace Corps

[本部所属国]USA　[設立年度]1961年　[設立者]J.F.Kennedy
[テーマ]政府が実施するフィランソロピープログラム　[URL]http://www.peacecorps.gov/
アメリカ国外への技術的・人道的支援、アメリカ文化への理解の浸透とアメリカ国民に対する異文化理解の促進を目的とし、2年間のボランティア活動プログラムを提供する。これまで139カ国で、20万人以上のアメリカ国民が参加した。

—

Bラボ　B Lab

[本部所属国]USA　[設立年度]2007年　[設立者]Jay Coen Gilbert, Bart Houlahan, Andrew Kassoy　[テーマ]社会的企業認証　[URL]http://www.bcorporation.net
ビジネスの力を使って社会、環境問題の解決をはかる企業/社会起業/NPO/政府機関等に、「B-Corporation」という認証を行う。2011年12月現在で60業種488社がB Corpとしての認定を受けている。

—

ニュープロフィット　New Profit Inc.

[本部所属国] USA　[設立年度] 1998年　[設立者] Vanessa Kirsch
[テーマ] 長期的な社会起業家支援　[URL] www.newprofit.com/
自身も社会起業家であるキルシュが、社会起業家支援のために創設した団体。革新的な問題解決方法を持つ社会起業家とその組織に対し、彼らが長期的に社会への確実なインパクトを出せるよう複数年にわたる財務・戦略的サポートを行う。

—

ニューベンチャーズ　New Ventures

[本部所属国] USA　[設立年度] 1999年　[設立者] World Resources Institute
[テーマ] 新興国の環境ベンチャー支援　[URL] http://www.new-ventures.org/
新興国の環境問題解決を主眼とするベンチャー・中小企業に対する経営支援と、環境問題解決のベンチャーへの投資が広がるように調査、啓蒙活動を行っている。

—

ネクストビリオン　Next Billion

[本部所属国] USA　[設立年度] 2005年　[設立者] World Resources Institute
[テーマ] BOP関連のグローバルネットワーク　[URL] http://www.nextbillion.net/
BOPに関心のある企業やNPO、政治家や社会起業家のためのフォーラム、ブログ、ネットワーキングスペース、ナレッジデータベースなどを提供している。

—

バンコ・コンパルタモス　Banco Compartamos

[本部所属国] Mexico　[設立年度] 1990年　[設立者] José Ignacio, Avalos Hernández
[テーマ] マイクロファイナンス　[URL] http://www.compartamos.com/wps/portal/Inicio
ラテンアメリカ最大のマイクロファイナンス機関であり、200万人以上の顧客を持つ。2007年株式公開を行ったことが、マイクロファイナンス業界に物議を醸した。

—

ハンズオン・ネットワーク　Hands On Network

[本部所属国] USA　[設立年度] 1992年　[設立者] Michelle Nunn
[テーマ] ボランティアネットワーク　[URL] http://www.handsonnetwork.org/
アメリカ国内および11カ国にある240以上のハンズオン・アクションセンターで、ボランティア活動に参加したい市民と、ボランティアを募集したい非営利団体・政府機関をつないでいる。1カ月に世界中で計30000のプロジェクトが実施されている。元々はアトランタを拠点としたボランティアネットワークだったが、1990年にブッシュ大統領の呼びかけで始まったPoints of Light Foundationに2007年統合された。

—

パートナーズ・イン・ヘルス　Partners In Health

[本部所属国] USA　[設立年度] 1987年　[設立者] Dr. Paul Farmer, Thomas J. White, Todd McCormack, Dr. Jim Yong Kim, Ophelia Dahl　[テーマ] 国際的なヘルスケア　[URL] http://www.pih.org/
健康を基本的人権の一つと捉え、12カ国の貧困地域において、HIV/AIDSや結核などの健康衛生問題に対し、現地の組織と協力しながら、無償医療や予防医療の促進、貧困問題の根本的な解決に取り組むNGO。

—

テイキングITグローバル　TakingITGlobal

[本部所属国]Canada　[設立年度]1999年　[設立者]Jennifer Corriero, Michael Furdyk
[テーマ]グローバルSNSを通じた若者の社会参画の促進 [URL]http://www.tigweb.org/
若者の国際的な社会問題への関心を高め、社会参画することを目的にしたグローバルオンラインコミュニティ。現在までに34万人、13カ国語で参加している。

—

ティーチ・フォー・アメリカ　Teach for America

[本部所属国]USA　[設立年度]1989年　[設立者]Wendy Copp
[テーマ]教育を通じた貧困撲滅　www.teachforamerica.org
アメリカの一流大学の卒業生を、教員免許の有無にかかわらず2年間、国内各地の低所得エリアにある公立学校に常勤講師として赴任させるプログラムを実施している。毎年全米の文系大学生に調査する人気就職先ランキングの上位(2010年度1位)となり、2010年は46000人以上が応募した。

—

ドゥ・サムシング　Do Something

[本部所属国]USA　[設立年度]1993年　[設立者]Andrew Shue
[テーマ]オンライン・フィランソロピー　[URL]http://www.dosomething.org/
社会変革に参画する若者を増やす目的で、ボランティアとして参加できるプロジェクトのデータベースを提供している。さらに地域で自らプロジェクトを立ち上げたい若者が、プロジェクトを実現できるようノウハウ、資金提供を行う。

—

ドナーズチューズ　DonorsChoose

[本部所属国]USA　[設立年度]2000年　[設立者]Charles Best
[テーマ]公立学校を対象とした寄付ウェブサイト　[URL]http://www.donorschoose.org/
公立学校の教師たちが投稿した、学校で実現したいプロジェクトに寄付ができるウェブサイト。応援したいプロジェクトを選び、1ドルから寄付ができ、これまでに累計25万人の寄付者が6万件のプロジェクトに対し3000万ドル寄付している。

—

トランスフォーマティブ・アクション・インスティテュート　Transformative Action Institute

[本部所属国]USA　[設立年度]2005年　[設立者]Scott Sherman, Randy Parraz　[テーマ]大学生・若手への社会起業家教育／問題解決コンサルティングやトレーニング　[URL]http://www.transformativeaction.org/
問題解決の科学的手法に基づき、非営利団体、教育機関、企業、政府に対して、コンサルティングや教育、トレーニングなどを提供している。特に、社会変革を担う若手リーダー／起業家教育に注力し、これまでに20大学の800人の学生にトレーニングを行っている。

—

ナショナル・センター・フォー・ソーシャル・アントレプレナーズ　National Center for Social Entrepreneurs

[本部所属国]USA　[設立年度]1983年　[設立者]John Whitehead, Judson (Sandy) Bemis, Robert Price
[テーマ]NPOの能力開発　[URL]www.nationalcenterforsocialentrepreneurs.org/
非営利組織がプロジェクトの効率性や収益性を向上できるようアドバイザリーやトレーニングを通じてサポートしている。

—

ナレッジ・イズ・パワー・プログラム(KIPP)　Knowledge is Power Program

[本部所属国]USA　[設立年度]1994年　[設立者]Dave Levin, Mike Feinberg
[テーマ]低所得層向けチャータースクール　[URL]http://www.kipp.org/
全米20州以上で、低所得層の子どもを対象にした、学費無料の、109の公立小・中・高等学校(チャータースクール)を運営している。

—
シティ・イヤー　City Year
[本部所属国] USA　[設立年度] 1988年　[設立者] Michael Brown, Alan Khazei
[テーマ] 市民参加による教育問題解決　[URL]　www.cityyear.org/
高校生がドロップアウトせず高校を卒業できるよう、17～24歳の「コープ」と呼ばれる若者達が1年間公立高校で、生徒の出席率や行動、数学と英語の成績について、メンター制度や補講などを通じてフルサポートする。現在アメリカ21都市および海外2拠点に広がり、アメリカ政府主導の「アメリコープ」の原型となった。

—
シュワブ財団　Schwab Foundation for Social Entrepreneurship
[本部所属国] Switzerland　[設立年度] 1998年　[設立者] Klaus Schwab
[テーマ] 社会起業家の発掘・支援　[URL] www.schwabfound.org/sf/index.htm
高い革新性と持続可能な手法を展開する次世代の社会起業家を各国、世界レベルで発掘し、彼らと、シュワブ氏が設立した世界経済フォーラムに参加する各国主要のステークホルダーとのコラボレーションを促進しながら、世界レベルのソーシャル・イノベーションの拡大を目指す。

—
スコール財団 The Skoll Foundation
[本部所属国] Canada　[設立年度] 1999年　[設立者] Jeffrey Skoll
[テーマ] 社会起業家支援　[URL] http://www.skollfoundation.org/
eBayの初代社長であるジェフリー・スコールが創設した財団。社会起業家への投資や起業家ネットワークの構築支援などを行っている。特にオックスフォードにあるスコール社会起業家センターにおける社会起業家への投資、オンラインコミュニティーであるソーシャルエッジやスコールワールドフォーラムによるコミュニティー形成、スコール・アワードによる社会起業家の表彰などの活動が知られている。

—
スターティング・ブロック　StartingBloc
[本部所属国] USA　[設立年度] 2002年　[設立者] Martin Smith, Blake Bible
[テーマ] 大学生／若手への社会起業家教育　[URL] http://www.startingbloc.org/
米国3都市で、選抜された大学生／若手プロフェッショナルに5日間集中のリーダーシップ／起業家教育を行っている。これまでに54カ国221大学から1500名がフェローとなり、その中から40以上のベンチャーと起業家が生まれている。

—
ソーシャル・アカウンタビリティ・インターナショナル（SAI）　Social Accountability International
[本部所属国] USA　[設立年度] 1997年　[設立者] Alice Tepper Marlin
[テーマ] 企業の社会的責任　[URL] http://www.sa-intl.org/
国際的な労働者の人権保護機関として、企業の社会的責任を測る規格SA8000を制定した。世界50カ国の企業、政府、労働組合等と協力し、規格の認証や研修を行っている。

—
チャイルドライン　Childline
[本部所属国] India　[設立年度] 1996年　[設立者] Jeroo Billimoria
[テーマ] 児童の人権保護　[URL] http://www.childlineindia.org.in/
児童専用のホットラインを通じ、ストリートチルドレンや被虐待児童などに関する問題解決をサポートする。ホットラインによる緊急サポートだけでなく、長期的なリハビリやケアが受けられるよう他団体と協力している。これまでにインド国内50都市以上450万人の子どもが利用した。

—
ツリーハガー・ドットコム　Treehugger.com
[本部所属国] USA（NYに住所をもっているが本部はない）　[設立年度] 2004年　[設立者] Graham Hill
[テーマ] サステナビリティに関するメディア活動　[URL] http://www.treehugger.com/
技術、デザイン、エネルギー、ビジネス、科学、生活などサステナビリティに関する情報を世界各地のジャーナリストが発信するオンラインメディア。

—

キバ　KIVA

[本部所属国] USA　[設立年度] 2005年　[設立者] Matt Flannery, Jessica Jackley
[テーマ] 世界初のオンライン・マイクロファイナンス　[URL] http://www.kiva.org/
途上国の起業家に、個人がオンラインで貸付を行う世界初のマイクロファイナンスウェブサイト。設立からの6年間で、計217カ国から65万人以上が、61カ国69万人以上の起業家に貸し付けを行っている。

—

グラミン銀行　Grameen Bank

[本部所属国] Bangladesh　[設立年度] 1983年　[設立者] Muhammad Yunus
[テーマ] マイクロファイナンス　[URL] http://www.grameen-info.org/
バングラデシュ農村部の貧困層、特に女性を対象にした無担保融資を行う、マイクロファイナンスの先駆け的存在。創設者のユヌス氏は2006年のノーベル平和賞を受賞した。8万人以上の村に2500以上の支部を持ち、これまでに110億ドル以上を貸し付け、97%以上の返済率を誇る。

—

グリーン・ドット・パブリックスクール　Green Dot Public School

[本部所属国] USA　[設立年度] 1999年　[設立者] Steve Barr
[テーマ] 若者向け教育支援　[URL] http://www.greendot.org/
ロサンゼルスの公立高校（チャータースクール）の運営や支援を通じ、生徒の学力向上や大学卒業支援を行う。2011年現在、17の学校を運営。全米でも2番目に大きい学区となるロサンゼルス市にはヒスパニック移民が多く、全米の中でも高校卒業率が45%と低い中、グリーン・ドットの入学者の90%以上が高校プログラムを修了している。

—

グローバルギビング　globalgiving

[本部所属国] USA　[設立年度] 2000年　[設立者] Mari Kuraishi, Dennis Whittle
[テーマ] 国際的なオンライン・フィランソロピー　[URL] http://www.globalgiving.org/
全世界の貧困撲滅、災害支援など、20分野のさまざまな活動に対して寄付ができるウェブサイトを運営。2002年から累計24万人が、118カ国5000以上のプロジェクトに5400万ドル以上の寄付を行った。

—

コモングッド・キャリアズ　Commongood Careers

[本部所属国] USA　[設立年度] 2005年　[設立者] James Weinberg, Cassie Scarano
[テーマ] NPO向け人材派遣　[URL] http://www.cgcareers.org/
ベンチャー・フィランソロピーの老舗であるNew Profit.Incと提携し、アメリカ国内の革新的NPO、社会的企業向け人材紹介サービスを提供する。2011年現在までに175団体に対し、500人以上の人材紹介を行っている。

—

ザ・ネイチャー・コンサーバンシー　The Nature Conservancy

[本部所属国] USA　[設立年度] 1951年　[設立者] Richard H. Pough
[テーマ] 環境保護　[URL] http://www.nature.org/
100万人以上の会員を擁する、世界的な自然保護団体のひとつ。全米50州および30カ国以上で、生物生息地の確保や稀少野生生物・生態系の保全などの活動を行っている。

—

自営業の女性の会（SEWA）　Self Employed Women's Association

[本部所属国] India　[設立年度] 1972年　[設立者] Ela Bhatt
[テーマ] 女性の自立支援　[URL] http://www.sewa.org/
自営業を営む女性のための労働組合。特に貧しい女性の援助を目的とし、銀行融資や子どものケア、医療保険、住宅補助などさまざまな支援を行っている。

—

HIPインベスター　HIP Investor

[本部所属国] USA　[設立年度] 2004年　[設立者] R. Paul Herman
[テーマ] インパクト投資アドバイザリー　[URL] http://www.hipinvestor.com/
個人・機関投資家に対し、収益性だけでなく社会・環境への影響を考慮するインパクト投資に関するアドバイザリーやポートフォリオマネジメントを行う。また企業に対して、社会性と収益性を両方高めるための研修を実施している。

—

エコイング・グリーン　Echoing Green

[本部所属国] USA　[設立年度] 1987年　[設立団体] General Atlantic, LLC
[テーマ] 社会起業家支援　[URL] http://www.echoinggreen.org/
スタートアップ段階の社会起業家に対し、2年間、資金提供やハンズオンの支援を行う。これまでにおよそ500人の社会起業家をエコイング・グリーン・フェローとして支援している。

—

FSGソーシャル・インパクト・コンサルタンツ　FSG Social Impact Consultants

[本部所属国] USA、Switzerland、India、などに6ヶ所に事務所　[設立年度] 2000年
[設立者] Mark Kramer, Micheal E. Porter　[テーマ] 社会問題のコンサルティング　[URL] http://www.fsg.org/
企業、非営利組織、政府機関、財団、学校機関等への、戦略・評価・リサーチ・組織変革などのコンサルティングを行い、国際的な社会問題の解決を図る。

—

MYC 4　MYC4

[本部所属国] Denmark　[設立年度] 2006年　[設立者] Mads Kjær, Tim Vang
[テーマ] マイクロファイナンス　[URL] www.myc4.com/
アフリカのスモールビジネスの起業家に融資（5ユーロからのマイクロファイナンス）できる、クラウドファンディングウェブサイト。

—

エンデバー　Endeavor

[本部所属国] USA　[設立年度] 1997年　[設立者] Linda Rottenberg, Peter Kellner
[テーマ] 起業家支援　[URL] http://www.endeavor.org/
新興国における有望な起業家を選出し、メンター制度やアドバイザリー、教育訓練などを通じた支援で、起業家とベンチャーの成長を後押しする。

—

カナダヘルプス　Canada Helps

[本部所属国] Canada　[設立年度] 2000年　[設立者] Aaron Pereira
[テーマ] オンライン・フィランソロピー　[URL] http://www.canadahelps.org/
インターネットを通じたカナダ国内のチャリティ団体に寄付・募金活動のサポートを行う。2011年現在、1億ドル規模のオンライン募金が行われている。

—

KaBOOM!《カ・ブーム》　KaBOOM!

[本部所属国] USA　[設立年度] 1996年　[設立者] Darell Hammond, Dawn Hutchison
[テーマ] 市民参加による児童公園設置サービス　[URL] http://kaboom.org/
地域の人々の力で、児童公園を安価かつ速く構築することをサポートし、子どもが安全に遊べる環境を提供する。これまでに全米で2000以上の公園をつくった。ウェブサイトで、公園づくりの方法論を公開し52万人以上がウェブサイトにアクセスしている。

—

アラビンド・アイ・ケア・システム　Aravind Eye Care System

[本部所属国] India　[設立年度] 1976年　[設立者] Dr. G.Venkataswamy
[テーマ] 低所得層向けの眼科治療　[URL] http://www.aravind.org/
徹底的な効率化と手術費の所得に応じた賦課システムにより、貧困層に対し安価な眼科治療、特に白内障手術を無償または安価で提供する。

—

アンコモン・スクール　Uncommon Schools

[本部所属国] USA　[設立年度] 1997年　[設立者] Norman Atkins
[テーマ] 低所得者層向けチャータースクール　[URL] http://www.uncommonschools.org/
所得格差にかかわらず全ての子どもが大学に行き卒業できるよう、全米5都市で28の低所得家庭の子ども向けの、チャータースクールを運営。資金調達や教師の採用など学校運営はニューヨークの本部スタッフが一括して行い、各校の教師は教育に専念する。学力向上、大学への進学に高い実績を上げている。

—

イヤーアップ　Year Up

[本部所属国] USA　[設立年度] 1987年　[設立者] Gerald Chertavian
[テーマ] 若者向け職業訓練　[URL] http://www.yearup.org/
都市部に住む18～24歳の若者に対し、1年間就業トレーニング、インターンシッププログラム、大学受験教育を無償提供する。2011年現在、卒業生の80%以上が、大学に進学または就労している。

—

インター・フェイス・ユース・コア　Interfaith Youth Core

[本部所属国] USA　[設立年度] 2002年　[設立者] Eboo Patel
[テーマ] 宗教対立の撤廃／異教徒間の信頼関係構築　[URL] http://www.ifyc.org/
大学キャンパスを拠点に、宗教などバックグラウンドの異なる若者同士の交流を深め、宗教を超えた協力関係を築くためのプログラムを実施している。活動を米国内で拡大するため、各地の大学生リーダー養成プログラムなどを行う。

—

インターナショナル・ユース・ファウンデーション　International Youth Foundation

[本部所属国] USA　[設立年度] 1990年　[設立者] Rick Little
[テーマ] 若者への教育・就労支援活動への資金、知見提供　[URL] http://www.iyfnet.org/
若者への教育や就労支援などの活動を行う、世界各地のNGOに対し、資金提供や、知見提供を行う中間支援団体。現在までに、IYFを通じて86カ国、330以上の団体が、持続的に、効果的なプログラムを、より広範囲に提供できるよう、資金提供を受けている。

—

ヴェリテ　Verité

[本部所属国] USA　[設立年度] 1995年　[設立者] Heather White
[テーマ] 労働問題の解決　[URL] http://www.verite.org/
児童労働や女性差別、劣悪な労働環境・労働条件の改善など、さまざまな労働問題を解決し、世界中の労働者が、安全、公平、合法的な環境で働けるよう、労働現場の調査、監視、コンサルティング、アドボカシー活動を行っている。

主な社会起業組織一覧

—

ITNアメリカ　ITN America

[本部所属国] USA　[設立年度] 1995年　[設立団体] Katherine Freund
[テーマ] 高齢者向け移動サービス　[URL] http://www.itnamerica.org/
60歳以上の高齢者(及び視覚障がい者)向けに、ボランティアドライバーサービスを提供することで、高齢者ドライバーによる交通事故の減少や移動利便性の向上を図る。

—

ACCION《アクシオン》インターナショナル　ACCION International

[本部所属国] USA　[設立年度] 1961年　[設立者] Joseph Bratchford
[テーマ] マイクロファイナンス　[URL] http://www.accion.org
1973年からマイクロファイナンスを開始したマイクロファイナンスの草分け的存在。米国、中南米、アフリカ、アジアなど累計31カ国で62機関のどちらかのマイクロファイナンス機関と提携している。

—

アウトワード・バウンド　Outward Bound

[本部所属国] USA　[設立年度] 1941年　[設立者] Kurt Hahn, Lawrence Holt
[テーマ] アウトドア学習　[URL] http://www.outwardbound.org/
多様なアウトドアプログラムを、10代の非行に走る恐れのある若者向け、大人向け、プロ向けに全米8カ所に展開している。自然教育を通じて、人々の自尊心やチャレンジ精神、チームワーク、リーダーシップを養成する。

—

アショカ　Ashoka

[本部所属国] USA　[設立年度] 1980年　[設立者] Bill Drayton
[テーマ] 社会起業家の発掘・支援　[URL] www.ashoka.org/
革新的な社会問題解決のアイデアを実現する社会起業家をアショカ・フェローとして支援することで、世界中の社会変革の促進を目指している。現在63カ国、2,000以上の社会起業家をアショカ・フェローとして支援している。

—

アキュメン・ファンド　Acumen Fund

[本部所属国] USA (India、Kenya、Pakistan)　[設立年度] 2001年　[設立者] Jacqueline Novogratzs
[テーマ] 社会的投資　[URL] www.acumenfund.org
貧困問題解決を目的に先進的な事業を行う社会起業家に対し「ペイシェントキャピタル(忍耐強い資本)」を用いた、社会的リターンと経済的リターンを両方求める投資を行う。現在までに、世界8カ国、保健医療、水、住宅、エネルギーなどの問題解決に取り組む65の社会的企業に、累計7300万ドルが投資された。

—

アメリコープ　AmeriCorps

[本部所属国] USA　[設立年度] 1993年　[設立団体] US Government
[テーマ] 国民参加による社会問題解決　[URL] http://www.americorps.gov/Default.asp
クリントン政権下で発足。アメリカ国民が、貧困問題解決や環境保全、教育、災害救援など、関心のある活動に、希望する地域で参加する。17歳以上の市民であれば誰でも参加でき、毎年7万人以上のアメリカ国民が参加している。

な

は

ま

や

ら

索引一覧

あ

か

さ

た

[著者]
デービッド・ボーンステイン (David Bornstein)
アメリカ、ニューヨーク在住のジャーナリスト。一作目の‘The Price of a Dream: The Story of the Grameen Bank’で、バングラデシュのグラミン銀行とその創設者ムハマド・ユヌス(2006年ノーベル平和賞受賞)の軌跡を詳細に取材し、各方面から高い評価を集める。代表作『世界を変える人たち』(ダイヤモンド社)は、世界20カ国にて出版された。「ニューヨーク・タイムズ」紙、「アトランティック・マンスリー」誌ほか、数々のメディアで活躍。

スーザン・デイヴィス (Susan Davis)
アメリカBRACの創設者、現CEO。グラミン銀行の創設メンバーでもある。

[訳者]
有賀裕子 (あるが・ゆうこ)
東京大学法学部卒。ロンドン・ビジネススクールにて経営学修士(MBA)習得。主な訳書に『世界を変える人たち』(ダイヤモンド社)がある。

[監修者]
井上英之 (いのうえ・ひでゆき)
1971年東京都生まれ。慶應義塾大学卒業後、ジョージワシントン大学大学院に進学(パブリックマネジメント専攻)。
ワシントンDC市政府、アンダーセン・コンサルティング(現アクセンチュア)を経て、若手の起業家支援を行うNPO法人「ETIC.」に参画。
2002年より日本初のソーシャルベンチャー向けビジネスコンテスト「STYLE」を開催するなど、国内の社会起業家育成・輩出に取り組む。2005年、北米を中心に展開する社会起業向け投資機関「ソーシャルベンチャー・パートナーズ(SVP)」東京版を設立。2009年、世界経済フォーラム(ダボス会議)「Young Global Leader」に選出。2010年鳩山政権時、内閣府「新しい公共」円卓会議委員。現在、慶應義塾大学大学院　政策・メディア研究科特別招聘准教授。

社会起業家になりたいと思ったら読む本
——未来に何ができるのか、いまなぜ必要なのか

2012年3月8日　第1刷発行

著　者——デービッド・ボーンステイン、スーザン・デイヴィス
監修者——井上英之　　　訳　者——有賀裕子
発行所——ダイヤモンド社
〒150-8409　東京都渋谷区神宮前6-12-17
http://www.diamond.co.jp/
電話／03·5778·7234(編集)　03·5778·7240(販売)
装丁·本文デザイン——寺澤圭太郎(アチワデザイン室)
製作進行——ダイヤモンド・グラフィック社
印刷————八光印刷(本文)・慶昌堂印刷(カバー)　製本————宮本製本所
編集協力——井上有紀、松岡祥子　イラスト——吉原真生　編集担当——児玉真悠子

©2012 Hideyuki Inoue and Yuko Aruga
ISBN 978-4-478-01555-1
落丁・乱丁本はお手数ですが小社営業局宛にお送りください。送料小社負担にてお取替えいたします。但し、古書店で購入されたものについてはお取替えできません。
無断転載・複製を禁ず
Printed in Japan